Jake Kavanagh, Jahrgang 1962, stammt aus einer Bootsfamilie und hatte im zarten Alter von vier Jahren sein erstes eigenes Boot – einen Opti. Beruflich fand er 1983 in die Bootswelt: als Sommer-Assistent an einer Themse-Schleuse. Ein Jahr später begann er als festangestellter Springer-Schleusenwärter und diente vier Jahre an der Themse. Nebenbei zeichnete und schrieb er, unter anderem auch für deutsche Wassersportmagazine. 1987 begann er sich bei der britischen Fachzeitschrift *Motorboats Monthly* hochzuarbeiten. Zwei Jahre nachdem er es ins Büro des Chefredakteurs mit Panoramablick über die Themse geschafft hatte, wechselte er nach Dorset zu *Practical Boat Owner*, wo er seitdem für Nachrichten, Reportagen und gelegentliche Cartoons sorgt. Privat segelt er eine 7-Meter-Yacht auf und über den Ärmelkanal und paddelt gelegentlich mit seinem See-Kajak vor der heimischen Küste.

Jake Kavanagh

SCHLEUSENWÄRTERS BERG- UND TALFAHRTEN

Maritime Missgeschicke auf Flüssen und Kanälen

Aus dem Englischen
von Dagmar Rockel

Quick Maritim Medien, Rechlin

Die Originalausgabe ist 1991 unter dem Titel „The Ups and Downs of a Lockkeeper" in Zusammenarbeit mit *Motorboats Monthly* bei A&C Black Publishers Limited (37, Soho Square, London W1D 3QZ, www.acblack.com) erschienen.

Copyright © Jake Kavanagh, 1991.

In der Reihe Pleiten, Pech und Pannen auf dem Wasser außerdem bei Quick Maritim Medien erschienen:

Jake Kavanagh:
Yachtszenen – mehr maritime Missgeschicke

Peter Borjans-Heuser:
Schiff im Wasser im Schiff –
Europareise mit Niederschlägen

Peter Borjans-Heuser:
Immer mehr Wasser im Schiff –
Europareise mit Niederschlägen Teil 2

5. Auflage

ISBN: 978-3-9808910-0-4

© Quick Maritim Medien, Hafendorf Müritz, D-17248 Rechlin. Deutsche Bearbeitung: Dagmar Rockel; Korrektur: Martina Bick (Danke!); Layout und Satz: Eva Irina Mühleck, Heike Meyer; Druckerei: Druckzone Cottbus; Printed in Germany 2021.

Alle Rechte vorbehalten! Ohne schriftliche Erlaubnis des Verlags darf das Werk, auch nicht auszugsweise, weder reproduziert, übertragen, noch kopiert werden. Dies gilt auch für Vervielfältigungen, Übersetzungen, Mikroverfilmungen und Verarbeitungen mit mechanischen oder elektronischen Systemen.

www.quickmaritim.de

INHALT

Maritime Missgeschicke auf Flüssen und Kanälen

Vorbemerkungen		8
1.	Schleus' mich ein	11
2.	Wehr-los	25
3.	Frühling	33
4.	Eine helfende Hand	41
5.	Die Profis	49
6.	Die Yachties	55
7.	Anstößiges in der Schleuse	75
8.	Ins Wasser fallen	89
9.	Party-Zeit am Fluss	97
10.	Winter	107

Vorbemerkungen
Wie dieses Buch entstanden ist

Passant: „Sagen Sie, braucht man eigentlich eine Ausbildung in Gewässerkunde um ein Schleusenwärter zu sein?"
Schleusenwärter: „Eigentlich nicht. Nur Sinn für Humor."

Wer sich jemals das Vergnügen gegönnt hat, mit dem Boot die Binnenschifffahrtsstraßenordnung durcheinander zu bringen, muss dann und wann eine Schleuse benutzt haben. Schleusen kommen in allen Formen und Größen vor, von netten kleinen Backsteindingern in lauschigen Kanälen bis zu großartigen Kunstwerken des Wasserbaus vor geschäftigen High-Tech-Marinas. Aber eins haben sie alle gemein: Wenn sie dich erledigen können, tun sie es.

Es sind nicht nur Neulinge, die hier ihren Hochmut verlieren. Maritime Missgeschicke können die Besten von uns ereilen, und eine Schleuse, in der sich auf engem Raum eine ganze Flotte potenzieller Opfer zusammendrängelt, neigt dazu, den Vorsprung an nautischer Erfahrung, den mancher hat, zu verkürzen. Die Horden von Schaulustigen, die kommen, um sich von den ungewöhnlichen Verrenkungen der Bootfahrer unterhalten zu lassen, applaudieren nicht für gelungene Manöver. Du kannst dein Boot in die Kammer führen, als ob es auf Schienen liefe, es anlegen, ohne die Fender auch nur zu berühren und deinen Festmacher wie ein Lasso mit einem beiläufigen Hüftschwung über den Poller werfen – das Publikum auf der Schleusenbrücke wird völlig unbeeindruckt bleiben. Aber mach in deinem schicken, neuen Outfit vom Yachtausstatter einen Purzelbaum vom Vorschiff, plumpse wie ein Senkblei in das trübe Wasser unter dir und sie werden dich lieben.

Einige erfreuliche Jahre lang habe ich als Springer-Schleusenwärter an der Themse gearbeitet, immer in Bewegung zwischen zehn Schleusen an einem der verkehrsreichsten Abschnitte dieser sehenswerten Wasserstraße. Nahezu unvermeidlich war, dass in jeder Saison unzählige Geschichten entstanden, die nur darauf warteten, von den Wärtern erzählt zu werden, die eine knappe Million Boote geschleust hatten. Dieses Buch ist eine Sammlung der besten dieser Geschichten.

Die meisten von ihnen sind aus erster Hand und alle sind wahr. Dem Uneingeweihten mag es wie ein Katalog des Chaos erscheinen, aber wer regelmäßig Boot fährt, weiß: Wenn alles gut geht, ist die Schleuse Teil des Vergnügens, und wenn nicht, guckt bestimmt jemand zu …

KAPITEL 1
Schleus' mich ein

Eine Studentin auf einem Hausboot spricht einen jungen Schleusen-Assi an: „Uns ist eine Brille über Bord gefallen", sagt sie, „sie war sehr teuer, also wären Sie so freundlich, wenn Sie die Schleuse leeren, das Wasser vollständig abzulassen? Dann können wir uns auf dem Boden der Kammer nach der Brille umsehen."

Was ist eine Schleuse? In einfachen Worten: Eine Schleuse ist ein Raum zwischen zwei Toren, der es Booten erlaubt, schwimmend von einem Wasserstandsniveau auf ein anderes zu wechseln (siehe Zeichnung auf Seite 112). Meistens kommen Schleusen einzeln vor, aber manche Kanäle in bergigen Gegenden haben eine ganze Reihe von Schleusen, die auch noch in Form einer Treppe miteinander verbunden sind. Dieser Umstand veranlasste einen unschuldigen Amerikaner zu dem Kommentar: „Wozu all diese kleinen Schleusen? Warum packt man das Ganze nicht auf eine Ebene und macht nur eine große Schleuse ans Ende?"

Die Mehrheit der Schleusen an Europas Wasserstraßen müssen von den Bootscrews selbst bedient werden – einschließlich der bemannten außerhalb der Öffnungszeiten. Der am weitesten verbreitete Fehler von Schleusennutzern, die ihr Boot selbst durchbringen, ist zu versuchen, die Kammer zu füllen, während die Schützen im Untertor weit offen sind (sie werden oft offen gelassen, um die Schleuse möglichst leer zu halten und so den Bewuchs an den Kammerwänden zu reduzieren). Als Folge kriecht der Wasserstand langsam hoch bis zur Halbvoll-Markierung und bleibt so. Nach etwa einer halben Stunde wird der Skipper unruhig. Wenn die Schleuse bemannt ist, wird er jetzt zum Schleusenhäuschen schlendern und an die Tür klopfen. Nach Murphys Gesetz genießt der Schleusenwärter gerade seinen Feierabend, wenn er derart gestört wird: entweder sitzt er beim Abendbrot oder er steht unter der Dusche – er wird nicht in jedem Fall eine Quelle der Freude sein, wenn der Skipper ihm würdevoll mitteilt, dass seine Schleuse nicht geht. Ebenso würdevoll wird der Schleusenwärter den Skipper fragen, ob er schon einmal versucht hat, eine Badewanne zu füllen, in der der Stöpsel fehlt.

Der Hand-Dreh-Mechanismus verursacht gelegentlich Verwirrung.

Manche Schleusen sind sehr eng und tief.

SKIPPER-TEST NUMMER EINS

Schleusen-Terminologie

Während der Saison wird mit den unterschiedlichsten Namen auf die verschiedenen Teile einer Schleuse Bezug genommen. Manche von ihnen haben wir unten aufgeführt. Prüfen Sie Ihr Wissen, indem Sie den richtigen Begriff ankreuzen (die richtigen Antworten finden Sie in der Zeichnung auf Seite 112).

Sie sollten Ihr Boot festmachen an …

❒ *einem Poller*
❒ *einem Polder*
❒ *einem Pullerm*nn*
❒ *dem schwarzen pilzförmigen Ding*
❒ *dem, was eben in Reichweite ist*

Wasser wird in die Kammer eingelassen durch …

- ❒ das Haupt
- ❒ eine Pumpe irgendwo
- ❒ ein Ventil
- ❒ Zauberei
- ❒ die Schützen
- ❒ die Wasserstraßenverwaltung

Sie sollten den verantwortlichen Mann anreden als …

- ❒ Käptn Blaubär/ Haddock/Kirk
- ❒ Schleusenwärter/-meister
- ❒ „Sie da mit dem komischen Hut"
- ❒ Seemann

In der Mittagssonne schwitzend bemühen sich ein Schleusenwärter und sein Assistent darum, die langen Schlangen der Boote abzubauen, die auf beiden Seiten ihrer Schleuse gewachsen waren. Der Assi hat Schwierigkeiten mit dem Eigner einer Flybridge-Yacht, der in der Mitte der Kammer stehen geblieben war und sich sturköpfig weigert vorzurücken.

„Das Wasser ist mir zu wild bei den Schützen", sagt er von seiner Hühnerstange herabstarrend. „Nachher bekomme ich noch einen Kratzer im Gelcoat." Der Assistent will gerade zum letzten Mal erbittert widersprechen, als ihm von hinten auf die Schulter getippt wird. „Entschuldigung", fragt ein Wanderer, „aber können Sie mir sagen, warum es an diesem Fluss Schleusen gibt?"

Mit vollkommen todernster Miene nickt der Assistent zu Herrn Flybridge und antwortet: „Um die Wassersportler zu ärgern natürlich."

Eine der freudebringendsten Seiten am Job eines Schleusenwärters ist es, Fragen zu beantworten. Viele betreffen die grundsätzlichen Eigenschaften einer Schleuse, sind mitunter aber eher indirekt formuliert. Nehmen wir zum Beispiel den elegant gekleideten Geschäftsmann auf einem Fahrgastschiff, das gerade in der Schleuse angelegt hat: „He, warum halten wir an?"

„Sie sind in einer Schleuse, mein Herr", antwortet der Wärter auf dem Weg zu den Schützen.

„In einer was?"

Der Schleusenwärter erklärt, was passieren wird: Wie er das Wasser ablaufen lassen wird, so dass der Dampfer stets schwimmend das niedrigere Wasserniveau erreichen kann.

„Ich verstehe", sagt der Geschäftsmann, „sehr interessant."

Dann beginnt er sich stirnrunzelnd umzusehen: „Aber verraten Sie mir: Wo ist die Schleuse, die nach oben geht?"

Eine sechsköpfige Familie setzte eines Abends ihr stählernes Hausboot unterhalb eines Wehres kräftig auf Grund. Also rudert der Schleusenwärter los, um seine Hilfe anzubieten. Als er das Flussbett um den Havaristen herum mit einer Stange sondiert hat, fragt er den Skipper, warum er sein Boot an diesen ungünstigen Ort gebracht habe.

„Ach, wir sind alle so furchtbar müde", erklärt der Skipper, „wir hatten keine Lust mehr, das Boot alleine durch die Schleuse zu bringen. Da haben wir gedacht, wir müssten doch einen Weg finden, die Schleuse zu umgehen ..."

Es gibt verschiedene Arten von Schleusentoren

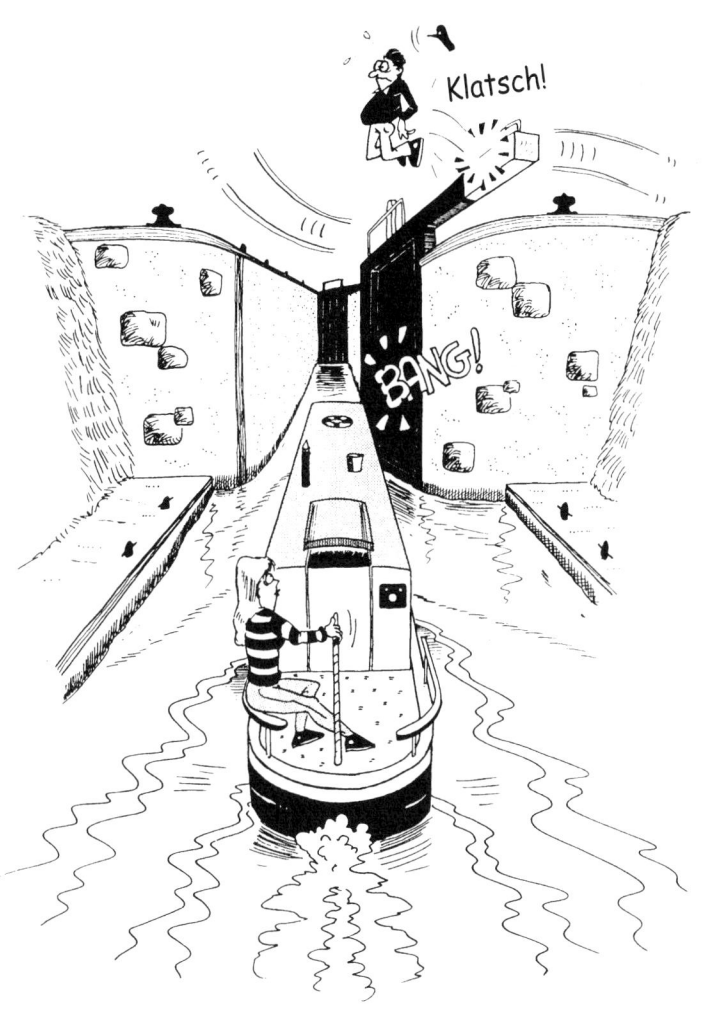

1. Crew-Katapult-Tor-Schleuse

2. Fallbeil-Tor-Schleuse

3. Elektrische-Flüstertor-Schleuse

4. Seeschleusen

Wehre greifen oft unberechtigt auf das Fahrwasser über.

KAPITEL 2
Wehr-los

Kommentar einer Dame, nachdem sie das breite, schäumende Wasser eines Wehres bewundert hat: „Das ist wirklich ein schöner Wasserfall, den Sie da haben. Ist er für irgendwas gut oder nur zum Angucken?"

Auf den meisten schiffbaren Flüssen und an manchen Kanälen muss sich der Schleusenwärter auch um ein nahe gelegenes Wehr kümmern. Ein Wehr ist im Grunde ein Damm, in den verstellbare Tore – die Schützen – eingebaut sind. Durch Öffnen oder Schließen dieser Schützen kann der Schleusenwärter den Wasserstand in der Haltung oberhalb seiner Schleuse kontrollieren. Damit ist eine gewisse Menge Rätselraten verbunden und während der Bootssaison, wenn vielleicht eine ganze Flotte Charterboote wegen ein paar Zentimetern zu wenig Wasser unter dem Kiel unbeweglich liegen bleibt, hat der Schleusenwärter nicht viel Spielraum für Fehler.

Manche Wehre sind bemerkenswert rustikal: Wenig mehr als eine vom Wasser überspülte Mauer nahe des Flusses, die erst dann enttarnt wird, wenn der Wasserstand so fällt, dass die Strömung abgeschnitten wird und sie ausnahmsweise zu sehen ist. Andere sind weitaus komplexere Gebilde aus Stahl und Beton, mit PS-starken Winden, die Schützen bedienen, die pro Stück mehrere Tonnen wiegen können. Ein Teil der Arbeit der Schleusenwärter ist es, sicherzustellen, dass diese Schützen frei bleiben von dem unvermeidlichen Treibgut, das seinen Weg in den Fluss findet. Dinge wie alte Bierfässer, Absperrhütchen, Baumstümpfe und gelegentlich ein Motorboot.

Ein Mietboot hatte von seiner Charterbasis losgeworfen und steuerte vergnügt flussabwärts. Ein paar Minuten später erreicht die Basis die Nachricht, dass es an einem Wehr gestrandet sei und der kräftige kleine Schlepper der Basis wird schnell zur Hilfe geschickt. Eine Leine wird rübergegeben und das Boot, das zwar vom schäumenden Wasser an die Sicherheitsbaken des Wehrs gepresst wird, aber ansonsten unbeschädigt ist, ist schnell der Gefahr entrissen.

„Warum sind Sie auf das Wehr zugefahren?", wird der erschütterte Mieter gefragt. „Haben Sie den Wegweiser nicht gesehen, auf dem ‚Kanal' steht?"

Die Mieter nickt: „Klar doch", sagt er, „aber ich wollte doch keinen Kanal herunterfahren, ich wollte doch auf die Themse!"

„Sieh mal, Vati, es gibt doch eine Abkürzung!"

Ein ungewöhnlich hoher Wasserstand kann den Verlust kostbarer Aufbauten zur Folge haben.

Eine große, seegehende Yacht hatte sich gut fünfzig Kilometer von der Mündung bergauf gekämpft, als sie in einem Schleusenkanal von einer berüchtigt niedrigen Fußgängerbrücke gestoppt wird. Da das Boot nur unwesentlich höher ist, als die Durchfahrtshöhe erlaubt, öffnet der Schleusenwärter sein Wehr, um den Wasserstand abzusenken, soweit er es wagt. Unglücklicherweise reicht es nicht. Also flutet der Eigner seine Bilge und fragt ein paar Passanten, ob sie nicht an Bord kommen wollen, um dem Boot mehr Ballast zu verschaffen. Trotz all dieser Anstrengungen fehlen immer noch vier Zentimeter, um unter der Brücke hindurch zu schlüpfen.

„Ich geb's auf", sagt der verzweifelte Eigner, „ich dreh' um."

„Na ja, da wäre eine letzte Sache, die wir noch nicht versucht haben", meint der Schleusenwärter. „Darf ich mal ans Steuer?"

Er setzt das Boot ein Stück zurück, richtet die Bugspitze genau auf die Brücke und – dem Eigner weicht alle Farbe aus dem Gesicht – rammt beide Gashebel auf Vollgas voraus. Die großen Diesel brüllen auf, die Propeller graben sich tief ein und als die Yacht losstürmt, taucht das Heck tief ins Wasser, so tief, dass die Brücke harmlos über ihren Köpfen vorbeizieht mit noch zwei Zentimetern Luft in Reserve. Sobald sie durch sind, zieht der Schleusenmann die Gashebel wieder auf „Neutral" und grinst in das schreckensstarre Gesicht des armen Skippers.

„Zeig einer Dame, wer das Sagen hat", sagt er das Steuerrad tätschelnd, „dann macht sie einen Knicks …"

Spät in der Nacht klopft ein Angler an die Tür des Schleusenhäuschens und meldet atemlos, dass ein Boot auf dem Wehr verunglückt sei und sich noch Überlebende an Bord befänden. Das Wehr ist ein großes modernes Ding, das sich zwischen den bewaldeten Ufern des Wehrarms erstreckt. Nachdem die Helfer den Laufsteg entlanggerannt sind und die Flutlichter angeschaltet haben, können sie zunächst nicht glauben, was sie sehen: Eingeklemmt in einem mehr als seltsamen Winkel zum Wehr sitzt ein winziger Kajütkreuzer mit sechs unglaublich betrunkenen Passagieren im Cockpit.

Sie haben auch unglaublich Glück gehabt: Das Boot hat die oberste Kante eines teilweise unter Wasser stehenden Wehrtors mit so einer Geschwindigkeit erwischt, dass es einfach darüber hinweg gemäht ist. Nur eine einzige horizontale Verstärkungsstrebe, die aus dem Wasserfall herausragt, hat verhindert, dass das Boot mit der Nase ins gurgelnde Wasser des Wehrbeckens herabgestoßen ist.

Die Überlebenden machen sich über die prekäre Lage ihres Bootes auf dieser Hühnerstange nicht groß Sorgen – sie sind mitten in einer lautstarken Auseinandersetzung, als die Retter ankommen. Einmal am Ufer und leicht angenüchtert erläutert der Eigner, was passiert ist: Nach einem enormen Gelage haben sie sich selbst in ihr Boot umgefüllt, das vor einer Kneipe am Ufer festgemacht war, und waren in die Nacht gedonnert. „Ich übergab das Ruder an meine Freundin", berichtet der Eigner, „und sagte ihr, sie solle immer nur dem Fluss folgen. Ich bückte mich, um noch ein paar Bierdosen zu knacken und das Nächste, was ich weiß, ist, dass sie uns auf das Wehr gesetzt hat." Er wirft dem armen Mädchen einen finsteren Blick zu und brummt: „Frau am Steuer!"

Wehre sind bei Anglern und Kanuten gleichermaßen beliebt.

Schleusenwärter sind sehr stolz auf ihre Fähigkeit, ihr Wehr in allen Feinheiten regeln zu können. Umso bestürzter sieht ein Schleusenwärter den Wasserstand rapide sinken, obwohl er stetig steigen sollte. Er springt also auf sein Fahrrad und strampelt zu seinem Wehr, um der Sache nachzugehen. Das Problem wird schnell offenbar: Ein Paddler in strahlend gelbem Neopren ist fröhlich dabei, einen ganzen Satz Tore aus dem Wehr zu ziehen.
„Was zur Hölle glauben Sie, was Sie da tun?", schreit der Schleusenmann über die tosenden Wassermassen hinweg.
„Keine Sorge", flötet der Paddler, „ich mache es nur ein bisschen wilder für mein Kajak!"

Kapitel 3
Frühling

Eintrag in die Schleusenkladde einer ländlichen Schleuse: „Sonntagmorgen, 6.55 Uhr: Telefonische Anfrage eines Herren, der zu wissen wünscht, ob die Strömung zu stark für seinen 4-PS-Außenborder ist. Mitteilung an den Anrufer, wo er sich seinen 4-PS-Außenborder um diese Uhrzeit am Sonntagmorgen hinstecken kann."

Der Frühling hält für das Schleusenpersonal eine Menge an Arbeit bereit. Wenn der Winter seinen eisigen Griff löst und die Tage länger werden, beginnen die Vorbereitungen, um alles für die bevorstehende, geschäftige Saison fertig zu machen.

Doch der Frühling ist nicht nur schön, sondern auch frustrierend. Die ersten Sonnenstrahlen, die überall die Blüten öffnen, sorgen auch dafür, dass die Persennings von den eingewinterten Booten gezogen werden und eine Auswahl verfrühter Wassersportler klopft mit erschreckender Unregelmäßigkeit an die Schleusentore. Der Rasenmäher, der sich erst nach fünfzig Mal Anreißen, einem halben Kanister Raketentreibstoff und einer Reihe überaus einfallsreicher Schimpfwörter hat starten lassen, muss wieder abgewürgt werden, weil ein kleines Boot seinen ersten Probeschlag absolviert.

Sobald der Schleusenwärter losgeht, um den Kreuzer durchzulassen, fällt der Rasenmäher unvermeidlich zurück in den Winterschlaf. So ertappt sich der Schleusenwärter zwanzig Minuten später dabei, lautstark den Erfinder des Benzinmotors zu verfluchen, bevor er losstapft, um den Werkzeugkoffer zu suchen. Nach einer Reparatur, die sich zu einer umfangreichen Instandsetzung entwickelt, regt sich widerwillig Leben im Inneren des Mähers. Mit einem Seufzer der Erleichterung wischt sich der Schleusenwärter die Hände ab, packt sein Werkzeug zusammen und rollt die stotternde Maschine zu dem Grüppchen vorwitziger Grashalme zurück. Er will gerade den Gang einlegen, da taucht neben ihm etwas auf, was ihm vage bekannt vorkommt.

„Hallöööchen!", flötet der Skipper. „Können Sie mich wieder runter lassen?"

Schleusen konsumieren in ungeheuren Mengen Farbe. Der größte Teil der Arbeit kann im Winter erledigt werden, aber ein paar Eimer Farbe müssen warten, bis die Saison ernsthaft losgeht. Unglücklicherweise ist die Farbe – laut Hersteller widerstandsfähig gegen Sturm, Hagel, Frost und extreme Temperaturschwankungen – wehrlos gegen Bootfahrer; und nur ein großzügiger Anstrich an Dalben und Liegeplätzen wird es mit etwas Glück bis zum Ende der Saison schaffen.

„Frische Farbe? Ich seh' hier keine …"

„Hatte nicht jemand gesagt, die Schleuse sei bemannt?"

Daraus folgt, dass in den ersten Frühlingstagen so etwas wie ein Wettlauf stattfindet: Nämlich zwischen Bootfahrern, die mit gutem Recht die Schleusen benutzen wollen, und dem Personal, das verzweifelt versucht, sie zu streichen.

Ein Frühjahrstörn kann einsame Flüsse, stille Häfen und nebelverhangene Kanäle mit sich bringen – und wolkenbruchartige Regenfälle. Wenn letztere einige Tage lang anhalten, beginnen die Flüsse zu steigen und die Schleusenwärter ziehen mehr und mehr Tore aus ihren Wehren, um das auszugleichen. Nach einer Weile wird die Strömung so stark, dass die erste Hochwasserstufe erreicht ist und – zumindest auf britischen Kanälen – zum Beispiel Charterboote (die für Fahrten unter solchen gefährlichen Bedingungen nicht versichert sind) nicht mehr fahren dürfen, es sei denn sie haben einen erfahrenen Lotsen an Bord.

Es ist keine erfreuliche Aufgabe für einen Schleusenwärter, dem Charterkunden mitzuteilen, dass sein Urlaub zu Ende ist und er das Steuer an einen völlig Fremden übergeben muss. Noch unerfreulicher ist es jedoch, wenn der Charterkunde ihm nicht glaubt …

Mehrere Tage sintflutartiger Regen hatten den Fluss auf das Doppelte seiner normalen Größe anschwellen lassen, und ein Charterboot schlug eine schwere Schlacht um jeden Flusskilometer. Während das Boot eine Bugwelle wie ein angreifender Zerstörer vor sich herschiebt, erobert es Meter für qualvollen Meter graues, gurgelndes Wasser, bis es sich endlich in die Ruhe des Schleusenkanals vorgekämpft hat. In der Schleuse angelegt, wird dem Skipper, einem großen hartgesichtigen Mann, ein Warnhinweis ausgehändigt, der die Gefahren erklärt und den Skipper auffordert, seinen Vercharterer anzurufen und einen Lotsen anzufordern.

„Was für ein totaler Blödsinn!", sagt der Mann. „Mit dem Fluss ist doch gar nichts los. Das ist nur so ein oberschlauer Personenschützer-Trick."

Der Schleusenwärter guckt ihn mit ungläubigem Erstaunen an, bis ihm einfällt, dass am nächsten Tag die Königin erwartet wird, um das neue Regatta-Gebäude in Henley zu eröffnen. Die Bodyguards ihrer Majestät müssen gewiss alles Notwendige veranlassen, um die Queen zu schützen, aber wie um alles in der Welt sollten sie eine Flut auslösen können? Er versucht auf

Regen oder schlimmer?

Einer kommt immer!

das nahe gelegene Wehr hinzuweisen: tosende Wassermassen, Wolken von Gischt. Doch der Skipper ist nicht davon abzubringen, dass das nur ein besonders clever eingefädelter Trick ist. „Mich können Sie nicht zum Narren halten", schnappt er, „ich bin Polizist. Wenn die Charterfirma sich davon einschüchtern lässt, können die ihr blödes Boot wiederhaben."

„Regen? Naja, ein, zwei Tröpfchen hatten wir hier ..."

Der Schleusenwärter zuckt die Achseln und führt den Bootfahrer zu einem Telefon, von dem aus er seinen Unmut über dem unglücklichen Basisleiter ausschütten kann.

„Mir ist in all den Jahren schon viel vorgeworfen worden", sagt der Schleusenwärter später, „aber das ist das erste Mal, dass ich für Königin und Vaterland absichtlich Hochwasser ausgelöst haben soll."

Manchmal, nach lang anhaltenden Regenfällen oder nach der Schneeschmelze, steigt ein Fluss über das Fassungsvermögen der Wehre hinaus. Jedes einzelne Tor ist offen, aber es reicht einfach nicht. Die Natur überwältigt am Ende auch die beeindruckendsten Anstrengungen des Menschen, sie zu kontrollieren. Das ist der Zeitpunkt, an dem die Bewohner von teuren

Wassergrundstücken mit wachsender Besorgnis den letzten Gartenzwerg untergehen sehen, der Goldfischteich zum Tidengewässer wird und sich der Fluss erbarmungslos Zentimeter für Zentimeter dem Wohnzimmer nähert …

Steigende Wasserstände können große Unterschiede bei der Bedienung einer Schleuse verursachen. Besonders schlimm ist es für Bootfahrer, wenn die Schleuse überschwappt. Es kann am Oberlauf eines Flusses durchaus vorkommen, dass Wasser über die Seiten läuft, wenn die Schleusenkammer schon gefüllt ist. Eben dies passierte dem Eigner eines kleinen Kreuzers, der sich nach einigen Tagen Regen auf den Weg stromaufwärts gemacht hatte. Er steht neben den Pollern und führt seine Festmacher, als das Wasser über die Kante gekrochen kommt und heimtückisch beginnt, seine Schuhe zu füllen.

„Schleusenwärter! Um Himmels Willen, stopp!", schreit er neben seinem Boot hüpfend und spritzend. „Sie lassen zu viel Wasser ein!"

Kapitel 4
Eine helfende Hand

Bootfahrer: „Wo kann ich mein Boot festbinden, bitte?"
Assistent (zeigend): „Hier an den Pollern, Mann."
Bootfahrer: „Wie haben Sie mich eben genannt? Puller***?"

Fast jeder kann Schleusen-Assistent werden. Es gibt keine formalen Voraussetzungen für die Tätigkeit – alles was verlangt wird, ist, dass man körperlich fit ist und schwimmen kann. Wie bei den meisten Sommerjobs wären Studenten die Idealbesetzung, aber da die Bootssaison zu früh vor den Semesterferien startet, muss man sich anderweitig nach Hilfe umschauen. Die geschäftigen, großen Marinas an Tidengewässern, die ihren Wasserstand mit einer eigenen Hafenschleuse konstant halten, schicken oft zum Wochenende oder in der Hochsaison zusätzliche Helfer zur Schleuse, während zum Beispiel die britische Wasserstraßenverwaltung, mit ihren 1500 Schleusen, die zum größten Teil selbst bedient werden müssen, nur dann und wann zusätzliches Personal braucht (wenn es zum Beispiel um irgendwelche Erhebungen oder Forschungen geht). Auf der Themse jedoch besteht ständiger Bedarf an Assistenten für den

Sommer und die Beschäftigung kann je nach Einsatzort von April bis Oktober dauern.

Vor einigen Jahren wurde einem Schleusenwärter ein wirklich eigenartiger junger Mann zugeteilt: Er sieht aus wie ein verhinderter Hippie, mit einem dünnen, ewig nervös zuckenden Körper, unordentlichen schwarzen Haaren und weit aufgerissenen Augen. Aber er bekommt schnell raus, wie die Schleuse funktioniert, so kann sich der Schleusenwärter wieder getrost seinem Garten widmen, ohne ständig ein Auge auf die Schleuse zu haben. Der Frieden wird jedoch bald gestört, als ein kleiner Junge auf einen toten Fisch zeigt, der bauchoben in der Kammer treibt. Mit einem phänomenalen Plumpser springt der Assistent ins Wasser und beginnt zielstrebig auf den Fisch zuzuschwimmen, der sich sanft im Wasser wiegt. Dort angekommen birgt er mit bloßen Händen vorsichtig den aufgedunsenen Kadaver, schwimmt langsam zur Leiter und klettert sie hoch, den Fisch noch immer in der hohlen Hand haltend. Schließlich setzt er sich auf einen Poller und beginnt zum Entsetzen der versammelten Bootfahrer mit einer fachmännischen Mund-zu-Mund-Beatmung.

Von dem Tumult alarmiert rammt der Schleusenwärter seinen Spaten ins Blumenbeet und eilt aus dem Garten. Verdutzt nähert er sich dem klatschnassen jungen Mann, der sich über dem Fisch krümmt und diesem langsam und bedächtig in das verwesende Fischmaul bläst.

„Was veranstaltest du denn hier?", fragt er, die Gedanken der wachsenden Zuschauermenge in Worte fassend.

Der Assistent richtet sich ruckartig auf. „Ich muss diesen Fisch retten!", keucht er. Er fixiert den Schleusenwärter mit einem Blick, der jeden Widerspruch zwecklos machen soll, und wendet sich wieder dem verstorbenen Flussbarsch zu. Der Schleusenwärter hat jedoch schnell seine Fassung wiedergefunden: „Okay, würde es dir was ausmachen, mir zu sagen, warum?"

Der Assistent spuckt ein paar Schuppen aus und blickt auf: „Weil", sagt er und weist mit einem zitternden Finger gen

Himmel, „ich gerade eine Vision von Gott hatte."

Er wurde entlassen – auch wenn göttliche Eingebungen nicht ausdrücklich in seinem Arbeitsvertrag ausgeschlossen waren.

Fragen beantworten gehört auch für Assistenten zum täglichen Geschäft. Ein Assistent einer kleinen Themse-Schleuse hat sich eigens etwas belesen, um jeden Fragesteller befriedigen zu können. So auch die zwei jungen Männer in einem Mietboot: „Gibt es irgendendeinen Weg, um von hier zu den Norfolk Broads* zu kommen?"

„Ja, den gibt es", antwortet der Assi umsichtig, „aber Sie müssen dafür stromabwärts durch zwölf Schleusen, dann mit der Tide durch die Londoner Innenstadt, das Sperrwerk passieren, aus der Mündung raus, die Ostküste umschiffen und dann bei Great Yarmouth in die Broads einschleusen."

Der Skipper sackt entmutigt in sich zusammen: „Hmm, das ist nicht gut", meint er schließlich, „wir müssen das Boot um sechs abgeben."

Trotz der Einstellungsvoraussetzung, dass alle Assistenten schwimmen können müssen, können sich nicht alle über Wasser halten. So wird ein armer Bursche eines Tages von einem ungünstig platzierten Festmacher ins Schleusenbecken katapultiert. Zur Überraschung der Anwesenden beginnt er wild zu stöhnen, im Wasser zu zappeln und zu strampeln, als ob sein letztes Stündchen geschlagen hätte. Schließlich wird ihm ein Rettungsring zugeworfen und man zieht ihn schmachvoll zur Leiter.

Fluss- und Kanallandschaft im Osten Englands

„Hatten Sie nicht gesagt, dass Sie schwimmen können?", knurrt ihn der Schleusenwärter an.

„Kann ich auch", antwortet der Assistent, „aber doch nicht in so tiefem Wasser!"

Ein Assistent an einer geschäftigen Schleuse hat die lästige Angewohnheit, in die Cockpits anderer Leute Boote zu springen, wenn er meint, dass diese nicht besonders gut zurechtkommen. Nicht dass er es besser könnte, er genießt nur die Heldenpose. Eines Tages jedoch tut er des Guten zuviel: Er hüpft an Bord eines großen Hausboots, schreit gellend auf und springt mit einem Satz zurück an Land – blankes Entsetzen im Gesicht. Unter den bestehenden Umständen ist das jedoch kein Wunder: Nur ein paar Zentimeter von seinem Hinterteil entfernt fletscht ein kuhkalbgroßer Hund die Zähne …

Während eines teilweise wirklich sehr heißen Sommers entwickelte ein Assistent einen filmreifen Stunt, der fast immer klappte: Er weist eine Charterboot-Crew ein und gibt zu verstehen, dass er die Achterleine wahrnehmen wird. Wenn die arglosen Bootsleute ihm jedoch ihren Festmacher zuwerfen, verstrickt er sich kunstvoll, ruft noch einmal „Hoooh Skipper, sinnig", bevor er dramatisch taumelnd ins Wasser stürzt. Die Crew ist mit schöner Regelmäßigkeit entsetzt, und auch wenn die Leute an Bord nie wirklich nachvollziehen können, wie sie diesen Unfall verursacht haben, überhäufen sie das tropfnasse Opfer mit Entschuldigungen – und trösten den armen Assi mit Bier. Letzteres jedoch dient vor allem dazu, ihn zu ermutigen, sich am nächsten Tag neue Opfer zu suchen.

Ein Schleusenwärter kann sich nie erklären, warum sein Assistent nach dem Genuss einer selbstgedrehten Zigarette so verträumt und weggetreten wirkt …

… bis er in seinem Gewächshaus eine ihm bisher unbekannte Art von grünen Topfpflanzen entdeckt.

Rasenmähen ist für gewöhnlich eine der Aufgaben des Assistenten. Wenn es darum geht, die Böschungen außerhalb der Schleuse zu mähen, muss man sich einer speziellen Technik bedienen: Ein Benzinmäher wird an einem langen Seil wie ein großes Pendel über die Böschung geschwungen und von seinem Bediener vom sicheren Treidelpfad aus mehr oder weniger erfolgreich unter Kontrolle gehalten.

Als einmal ein übereifriger Assistent das Gleichgewicht verliert und die Leine loslässt, beobachtet er mit Schrecken, wie der Rasenmäher die Böschung heruntermäht und am Ufer mit lautem metallischen Geklingel und unverminderter Geschwindigkeit einen Steg rasiert, der sich fast auf der Höhe des Wasserspiegels befindet. Von da aus startet die perfekt getrimmte Maschine wie ein hässliches kleines Hovercraft zu einer Spritztour über den Kanal. Der Mäher legt eine beeindruckende Strecke auf seinem Luftkissen zurück, bevor er einen Dalben rammt, umkippt und in einer Wolke aus explodierender Gischt und blauem Qualm versinkt. Der verwirrte Assistent braucht mehrere Minuten und das Erscheinen einer kleinen Öllache an der Wasseroberfläche, um den Schleusenwärter davon zu überzeugen, was passiert ist.

Ein Dampferkapitän amüsiert sich damit, seine Fahrgäste und andere Verkehrsteilnehmer auf den Wasserstraßen mit kleinen Scherzen zu unterhalten. Am meisten Spaß hat er, wenn er sein 100-Tonnen-Schiff über stark befahrene Gewässer steuert, dabei eine dunkle Brille trägt und mit einem weißen Stock herumfuchtelt.

KAPITEL 5
Die Profis

Die Reiseleiterin eines Ausflugsboots zeigt amerikanischen Touristen historisch bedeutsame Landmarken als sie sich Staines* nähern: „Und zu unserer Rechten", sagt sie, „sehen wir das Feld Runnymede, auf dem King John Zwölf-fuffzehn die berühmte Magna Charta unterschrieb."
„Ach je, wir haben es verpasst", nölt eine Touristin der Reisegruppe, „es ist schon nach eins."

Auf den meisten Wasserwegen werden Ihnen mit einiger Gewissheit Ausflugsboote begegnen. Sie bilden eine wunderliche Gesellschaft: Viele wurden früher von echten Dampfmaschinen angetrieben, was der Gattung zu dem Namen „Dampfer" verholfen hat. Die meisten von ihnen sind mittlerweile zum Dieselmotor konvertiert. Einige wurden als Fahrgastschiffe gebaut, andere über die Jahre und durch viele Umbauten dazu gemacht, aber alle werden in regelmäßigen Abständen der Schiffsuntersuchungskommission vorgeführt, die – ähnlich dem TÜV auf der Straße – entweder lächelnd stempelt oder

*Themse-Ort südwestlich von London

energisch in Richtung Werft zeigt. Die Skipper der Ausflugsdampfer haben ihr Patent, das sie als qualifizierte Schiffsführer ausweist. Viele sind seit Jahren auf ihrer Strecke unterwegs und kennen jeden Tropfen Wasser ihres Reviers persönlich. Unerschütterliche Profis, würden Sie sagen, und Sie hätten recht. So gibt es sicherlich keine Probleme mit diesen Dampfern, oder …?

Nebel kann in den ersten Wochen der Saison ein Ärgernis sein, und manche Erbsensuppe reduziert die Sichtweite auf Null. In einer solchen Suppe folgt ein Dampfer vorsichtig dem Schattenriss der Uferbefestigung, als sein Schwesterschiff langsam aus dem Nebel auftaucht. Beide Skipper verändern den Kurs ein wenig, um einen Frontalzusammenstoß zu vermeiden. Als sie aneinander vorbeischleichen, ruft ein Skipper dem anderen zu: „Wohin fährst du?"
„Windsor!", kommt die zuversichtliche Antwort.
„Kann nicht sein", ruft der erste Skipper zurück, „da fahr' ich hin!"

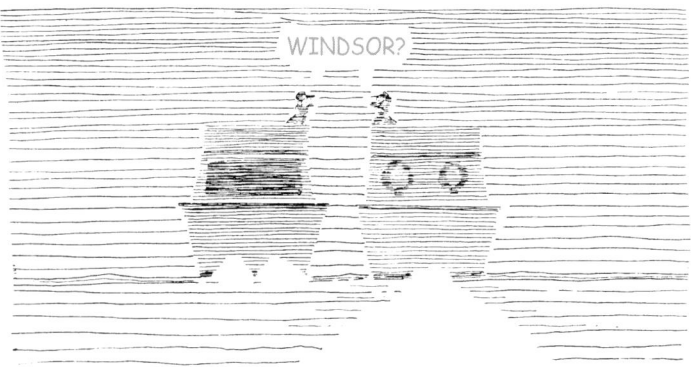

Anders als auf den deutschen Flüssen haben Fahrgastschiffe auf der Themse keinen Vorrang an der Schleuse. Trotzdem wird der Schleusenwärter die Reihenfolge der einfahrenden Schiffe so festlegen, dass der große Dampfer zuerst einfährt und die Schleuse dann mit kleineren aufgefüllt wird (falls das tonnenschwere Fahrgastschiff nicht rechtzeitig stoppt, ist das Einzige, was es treffen kann, das Schleusentor). Trotzdem versuchen manche Dampferskipper gelegentlich, sich vorzudrängeln, wenn sie spät dran sind. Lebhafte Diskussionen mit Freizeitkapitänen sind die Folge.

Als an einem verlängerten Wochenende ein neuer Sommerassistent am Bedienpult einer berüchtigten Flaschenhals-Schleuse erscheint, nutzt der Kapitän eines wartenden Dampfers dessen Unerfahrenheit zu seinem Vorteil. Er schlendert auf sein Vordeck, passt den richtigen Moment ab und ruft den Assi an. Als dieser aufblickt, hebt der Schiffer den Daumen und fragt: „Na, wie geht es dir, Kumpel?" Der Assistent ist über diese kameradschaftliche Frage nach seinem Befinden hocherfreut und hebt den Daumen mit einem fröhlichen „Jo, gut, Kumpel!"

Der Skipper ruft sofort seiner Crew zu: „Der Schleusenwärter hat uns reingerufen!" Als der sprachlose Assistent den verräterischen Daumen nach unten dreht, hat der Dampfer schon losgeworfen und sich auf den Weg in die leere Kammer gemacht. Um die dreißig Yachties, die gerade eine Schleusung verpasst haben, sind etwas ungehalten.

Schleusenwärter bevorzugen es üblicherweise, große Boote zuerst in die Kammer zu holen.

Alle Dampferkapitäne müssen strenge Prüfungen bestehen, bevor sie mit irgendeiner Art von gewerblicher Schifffahrt auf die Passagiere losgelassen werden. Die Kernbesatzung der Berufsschiffer wird jedoch oft durch Saisonkräfte aufgestockt und hier und da passiert es, dass eine Deckshand mit an Bord genommen wird, die man lieber an Land gelassen hätte.

Als der Kapitän eines Fahrgastschiffs auf Routinetörn einmal kurz verschwinden muss, übergibt er das Ruder dem nächststehenden Crewmitglied. Der Fluss ist weit und vergleichsweise wenig befahren, so denkt er, er könne sich die Zeit nehmen, um der Natur zu ihrem Recht zu verhelfen. Aber als der Dampfer die nächste Flussbiegung rundet, findet er sich mitten in einer großen Segelregatta wieder. Der Rudergänger hat nicht die leiseste Ahnung, was er unternehmen soll.

Normalerweise sollte ein Motorschiff in einem solchen Fall mit Volldampf zurücksetzen und sich an sein Steuerborduffer halten, um hinter dem Feld die sich jagenden Segler zu passieren. Dieser Rudergänger jedoch behält Kurs und Tempo bei und schlägt damit – wie einst Moses im roten Meer – eine Bresche durch den Wald von Masten und Segeln. Die Regatta löst sich in völligem Chaos auf, als dreißig Meter Stahl mit rasender Geschwindigkeit gänzlich unerwartet mitten im Feld auftauchen. Entsetzte und empörte Schreie begleiten das Krachen der Spieren und die Geräusche flatternder Segel.

Gerade als der Rudergänger glaubt, er sei ohne Kollision aus dem Feld entkommen, läuft ihm ein Nachzügler vor den Bug. Ein Krachen, ein Schrei und der Mast der Jolle knallt aufs Wasser. Als das Wrack kieloben am Fahrstand vorbeitreibt, zieht der Aushilfssteuermann endlich den Gashebel zurück und sieht sich nach Überlebenden um – bestürzt stellt er fest, dass keiner in Sicht ist.

„Was zum Teufel ist passiert?", brüllt der entsetzte Kapitän, als er wieder auf der Brücke erscheint. Der Rudergänger will gerade antworten, als eine ältere Dame ihnen vom Vordeck aus zuruft: „Entschuldigen Sie, aber es hängt ein Mann an der Reling!"

Es scheint unglaublich, aber der Jollensegler hat die Gelegenheit beim Schopfe – sprich den Dampfer, kurz bevor dieser sein Boot versenkt hat, an der Reling – gepackt und hängt grimmig dreinblickend wie ein langer gelber Fender in seinem Trockenanzug an der unteren Reling. Die erstaunte Crew rennt nach vorn, zieht ihn an Bord und empfängt eine volle Breitseite an Schimpfwörtern für ihr Verhalten.

Der Fall muss natürlich an die Wasser- und Schifffahrtsverwaltung und an die Dampferreederei gemeldet werden, die angemessen schockiert sind. Skipper und Rudergänger werden angewiesen, verschiedene Unfallmeldungen auszufüllen. Letzterer meint, dafür um Hilfe bitten zu müssen.

„Was schreib ich denn bei ‚Unfallursache' hin?", fragt er.

„Versuche, nichts zu beschönigen", wird ihm gesagt, „sag einfach die Wahrheit." Der Rudergänger hält sich dran.

„Ich fuhr das Boot über", schreibt er, „weil ich so betrunken war, dass ich nichts mehr sehen konnte."

Zu seiner Überraschung wird er gefeuert.

KAPITEL 6
Die Yachties

Ein Schleusenwärter wird vom Eigner einer großen und geräuschvollen Motoryacht angehalten: „Chef, wo wollen Sie mich hin haben?"
Schleusenwärter (leicht genervt): „Wie wär's mit dem Atlantik, Skipper?"

Wie viele leidgeprüfte Bootfahrer erfahren haben, genügt es, an einem sonnigen Sommerwochenende eine Schleuse in der Nähe einer großen Stadt oder einer Sehenswürdigkeit anzusteuern, um mehr Zeit im Schleusenrang zu verbringen als auf den Gewässern dazwischen. Diese Warteschlangen so schnell und so gutgelaunt wie möglich abzubauen, hängt gleichermaßen vom Geschick des Schleusenwärters wie der Skipper ab.

Ein kleiner Junge von einem wartenden Motorkreuzer reizte einmal einen Sommer-Assistenten: „Papa sagt, Sie haben die Schleuse nicht richtig im Griff", gibt der Junge bekannt, was ihm sofort alle Sympathien des hart arbeitenden Schleusenpersonals einbringt.

„So, sagt er das?", grummelt der Assistent.

„Oh, ja", antwortet der Junge. „Sehen Sie, beim letzten Mal haben Sie nur vier Boote in die Kammer gelassen, das Mal davor aber sieben. Papa sagt, wenn Sie jedes Mal sieben Boote schleusen würden, müssten wir nicht mehr anstehen."

Der Assistent mustert den Jungen mit einem vernichtenden Blick. „Sag deinem Papa", meint er dann, „wenn alle Boote die gleiche verflixte Größe hätten, würden wir auch jedes Mal die gleiche verflixte Menge Boote in die Schleuse stopfen."

Von dem kleinen Anteil an Profi-Skippern abgesehen, besteht der Rest des Schleusenverkehrs aus Freizeitkapitänen. Obwohl es weitaus mehr Privatboote gibt als Charterboote, sind letztere doch diejenigen mit den meisten Betriebsstunden auf dem Zähler. Kein Wunder also, dass der Charterskipper der häufigste Kunde des Schleusenwärters ist, besonders unter der Woche.

Über das ganze Kanalnetz und entlang der beliebteren Flüsse Europas haben sich eine ganze Reihe Firmen angesiedelt, die komfortable Kabinenkreuzer zur Miete anbieten. „Führerscheinfrei" und „keine Erfahrung notwendig" steht dick auf ihren Katalogen. Oder auch: „Ein Boot ist leichter zu steuern als ein Auto" – was ein wenig missverständlich ist. Sicher, der Fahrstand ist mit Gashebel und Steuerrad übersichtlicher, aber wie viele Autos haben Sie gesehen, die beim Einparken seitlich wegdriften? In der Konsequenz erwartet der Charterkunde, dass er einen zwanzig Meter langen, vierzehn Tonnen schweren Stahlverdränger so fahren kann, wie seinen Kombi mit

Fünfganggetriebe. In einer rappelvollen Schleuse führt diese Einschätzung zu manch interessanter Situation.

Ein armer Kerl hatte sich in eine peinliche Lage manövriert. Er hat alles gerammt, was ihm ins Blickfeld geraten ist und ist kurz davor, seinen Urlaub angewidert abzubrechen, als der Schleusenwärter zu seiner Rettung erscheint.
„Gibt es bei Ihnen jemanden an Bord, der nicht Auto fahren kann?", fragt er.
„Meine Tochter", kommt die Antwort, „sie ist noch nicht alt genug."
„Gut, lassen Sie sie doch mal ans Steuer und schauen Sie, ob sie klarkommt."
Der Charterskipper willigt kopfschüttelnd ein und ist augenblicklich verblüfft: Das 14jährige Mädchen steuert das Boot souverän, vor allem, weil sie die Tatsache akzeptiert, dass es schwimmt und nicht mit zwei Paar Stahlgürtelreifen auf festem Boden ist.

Die Umstellung vom Auto auf das Boot verursacht die meisten Probleme, und für einen Einsteiger kann es eine Weile dauern, bis er sich umgewöhnt hat. Die Charterfirmen bemühen

sich tapfer, ihre Kunden zu trainieren (es erhöht auch die Chancen, dass sie ihr Boot in einem Stück wiederbekommen), aber in der Hochsaison, wenn die ganze Flotte zur gleichen Zeit neu betankt und geputzt werden muss, ist oft nur Zeit für die Grundlagen.

Die meisten Neulinge unter den Charterskippern finden es leicht, den Fluss stromaufwärts zu fahren. Wenn sie sich dann zum ersten Mal in der Tiefe einer Schleusenkammer wiederfinden und ihr Boot auf den Wirbeln einschießenden Wassers wahre Bocksprünge veranstaltet, kann sich ein leichtes Gefühl von Panik einstellen. Der Schleusenwärter ist jedoch oft da, um die Festmacher anzunehmen und gibt Tipps, wenn er darum gebeten wird. Aber nicht jeder, der ein Boot chartert, ist eine Landratte.

Am Achtersteven eines Hausboots ist gerade ein sonnenverbrannter Teenager dabei, einen vertörnten Festmacher aufzuräumen, als ein besonders hilfsbereiter Schleusenwärter von der Seite kommt und ihm die Wuhling aus der Hand nimmt. „Ich mach das für dich, Sohnemann", sagt er freundlich. „Schau, ich zeig dir, wie man einen Palstek richtig macht: Du nimmst das eine Ende und machst eine kleine Schlaufe, okay? Dann: Wassermann kommt aus dem Teich, umgarnt die schöne Lilofee …"
Der junge Mann sieht geduldig und ohne ein Wort zu sagen zu und nimmt schließlich den Festmacher wieder an, nachdem der Knoten vollendet ist. „Alles klar?", fragt der Wärter noch, worauf der junge Mann meint, er würde es wohl schaffen. Als der Schleusenwärter sich auf den Weg zu seinen Schaltern macht und am Cockpit vorbeikommt, winkt ihn die Frau am Steuer zu sich heran. „Das wäre nicht wirklich nötig gewesen", flüstert sie. „Wissen Sie, er ist im olympischen Segel-Team."

Den absoluten Rekord in der maximalen Anzahl von Rammings auf der kürzestmöglichen Flussstrecke halten drei kräftige Männer und ein 28-Fuß-Kabinenkreuzer. Sie schaffen es nie, am Ende ihres Bremswegs auch tatsächlich anzuhalten, sondern stoßen mit schauerlicher Regelmäßigkeit an Tore, Kaimauern und andere Schiffe. Nach einem ziemlich spektakulären Crash gesteht der Skipper einem Schleusenwärter, dass er das Boot für notorisch untermotorisiert hält, vor allem, nachdem er mehr als zwanzig Jahre sein eigenes Boot gesteuert hat.

„Oh, was für ein Boot denn?", fragt der Schleusenwärter.

„Ach ein Stahlding", meint der Mann, „einen 2000-Tonnen-Hochseeschlepper."

Auto-Entzugserscheinungen wirken sich nicht nur auf die Bootsmanöver aus – auch die Technik ist davon betroffen. Die am meisten verbreitete Antriebsform für Hausboote ist der Dieselmotor, der mit einem Zündschlüssel gestartet wird und zuweilen über einen Knopf verfügt, der den Kompressionsdruck aus der Maschine nimmt. Die meisten Motorpannen in Schleusen haben lediglich zur Ursache, dass ein vergesslicher Skipper eben diesen Knopf nicht wieder reaktiviert hat. Eine junge Dame hat nach zahlreichen Anlassversuchen ihre Starterbatterie fast zur Strecke gebracht, bevor sie merkt, dass der Stein des Anstoßes himmelhoch aus dem Steuerpult herausguckt.

„Kein Wunder, dass es nicht geht", ruft sie aus, während sie den Knopf zurückrammt. „Ich habe die Handbremse noch angezogen!"

Der Schleusenwärter ist immer bereit,
Ihre Festmacher entgegenzunehmen.

Das ungleichmäßige Motorengeräusch eines Speedboats, das immer näher kommt, lässt den Wärter einer kleinen, ländlichen Schleuse besonders wachsam sein. Als das Boot auf seiner Bugwelle durch das offene Tor rauscht, bemerkt der Schleusenwärter, dass dem Flitzer der Bremsweg kaum noch reichen wird. So ruft er dem Rennpiloten rechtzeitig eine Warnung zu: „Okay, Skipper, jetzt nach achtern!"

„Alles klar!", antwortet der Fahrer, steht auf, verlässt zum Entsetzen des Schleusenwärters prompt den Fahrstand und macht sich auf dem Weg zum Heck seines Boots.

Zu schnelles Fahren ist eine häufige Ursache für Schäden an der Uferbefestigung.

An Wochenenden schwappt stets eine Welle von privaten Booten auf die Flüsse. Die meisten ihrer Eigner sind gutmütige Wassersportler. Sie lieben es, unterwegs zu sein und sind oft sehr stolz auf ihre Fahrzeuge. Deshalb haben sie natürlich einen Horror davor, in der Schleuse – oder auch anderswo – von anderen Booten angestoßen zu werden. Ein eigenes Boot zu besitzen hat aber auch einen Nachteil: Man wird automatisch als Experte angesehen, unabhängig vom Fahrkönnen.

Charterboote können von so vielen Schleusentoren, Stegen oder Wasserschutzbarkassen zurückprallen wie sie wollen, als Einsteiger wird ihnen unweigerlich verziehen. Aber je größer und strahlender eine private Yacht aussieht, desto mehr wird von ihrem Skipper erwartet, dass er mit ihr auch umgehen kann. Und wie jeder weiß, ist eine Schleuse nicht der beste Platz, um dies unter Beweis zu stellen.

Die Versuchung ist groß, anzunehmen, nur weil jemand am Ruder seiner eigenen Yacht steht, müsste er auch mit allen nautischen Fachbegriffen vertraut sein. Eine Menge Leute sind es, aber genauso viele auch nicht. Und da viele Charterskipper unter den bekannten Auto-Entzugserscheinungen leiden, ist es das Beste, sie nicht zusätzlich in einer Flut von Salzwasser-Sprüchen zu ertränken. Vergiss Bug und Heck, sag lieber „vorn" und „hinten". Festmacher (ver)enden als „Seil" oder – je nach Verzweiflung – als „Strick". Und Fender sollte man „runde Dinger" oder „Ballons" nennen. Weil viele Mitarbeiter an Schleusen ehemalige Marineangehörige oder Seeleute sind, kann es für sie oft zum härtesten Teil ihres Jobs werden, ihrer lingua Nautica zu entsagen.

Ein Motorboot steuert eines Tages geradewegs auf eine Kollision zu, sodass ein anderer Skipper quer über den Fluss brüllt: „Wahrschau! Volldampf voraus zurück!"

Die meisten Eigner sind bescheidene, gutmütige Wassersportler.

Ein Schleusenwärter unterhält sich in seiner Schleuse mit dem Eigner einer seegehenden Motoryacht, als er bemerkt, dass sich die Achterleine gelöst hat.

„Achtung", sagt er, „Ihr Heck treibt weg."

Der Eigner steht auf und sieht sich besorgt auf seinen Decks um.

„Heck?", fragt er. „Was ist das denn?"

Der Schleusenwärter deutet fassungslos auf das Ende des Boots.

„Oh!", sagt der Eigner aufspringend, „Sie meinen das A***ende."

Profiskipper sind leicht zu erkennen, denn ...

Der Skipper ist ruhig und hat alles unter Kontrolle.

*Alle Crewmitglieder können einfache Knoten im Schlaf …
wie zum Beispiel den Palstek …*

Jeder an Bord sieht aufgeweckt und gelassen seinen Aufgaben entgegen.

Bei Annäherung an eine Schleuse werden die Fender an den richtigen Stellen und in genügender Anzahl ausgebracht.

Eine gut gekleidete Dame auf einer makellosen 35-Fuß-Yacht ist etwas beunruhigt, weil ihr Mann der Schleuse rasch näher kommt, während die Fender noch immer an Deck liegen.
„Jeremy!", schreit sie mit einer Stimme, die bis in den letzten Schleusenrang zu hören ist. „Wir bumsen gleich an, pack deine runden Dinger raus."

Im Umgang mit Wassersportlern muss der Schleusenwärter vor allem Diplomat sein. Dabei hat er – neben allen anderen Problemen – keine Chance zu erkennen, in welcher Beziehung die Menschen an Bord zueinander stehen (auch wenn es oft Spaß macht, das zu erraten!). Daraus folgt, dass solche Ausdrücke wie „Ehefrau", „Ehemann" oder (ganz besonders) „Tochter" vermieden werden sollten. Ein Trick, diese Fußangeln zu umgehen, ist, die Anrede in allgemeineren Ausdrücken wie „Skipper" oder „Crew" zu verstecken. Das führt zwar oft zu Heiterkeit („Wenn der der Skipper ist, bin ich der Kaiser von Pitcairn"), ist aber viel sicherer als die Freundin von Herrn Vorstandsvorsitzenden zu seiner Enkeltochter – oder Schlimmerem – zu machen.

Nehmen Sie niemals an, dass die Besatzung eines Bootes (miteinander) verheiratet ist.

Viele Schleusen halten eine Auswahl an Ansichtskarten zum Verkauf bereit. Ein Schleusenwärter war gerade dabei, seine Auslage aufzufüllen, als ein kleiner Kreuzer seine Nase in die Schleusenkammer steckt. Sein Skipper ist auf Einhand-Törn flussabwärts. Der Schleusenwärter nickt ihm einen Gruß zu und weist dann mit dem Daumen auf seinen Postkartenhalter.

„Ich hab hier eine mit Ihrem Boot drauf", grinst er.

Der Mann am Steuer ist sichtlich erfreut. „Wirklich?"

„Ja, Sie und Ihre Frau irgendwo stromaufwärts." Der Schleusenwärter pflückt die Karte aus dem Ständer und reicht sie dem Skipper, der augenblicklich erbleicht.

„Du liebe Güte!"

„Was denn?", fragt der Schleusenwärter. „Gefällt sie Ihnen nicht?"

„Gefallen?", der Mann dreht die Karte herum und zeigt auf die spärlich bekleidete Frau, die auf dem Vordeck abgebildet ist. „Schleusenwärter", sagt er mit angsterstickter Stimme, „das ist nicht meine Frau!"

SKIPPER TEST NUMMER ZWEI

Handzeichen

Unten abgebildet ist ein uniformierter Schleusenwärter. Kreuzen Sie das Kästchen an, neben dem die korrekte Interpretation jedes Handzeichens steht.

- ❒ *Stopp*
- ❒ *Guten Tag!*
- ❒ *Ich will fünf Boote.*

- ❒ *Bitte auf diese Seite.*
- ❒ *Mein Finger ist eingeschlafen.*
- ❒ *Guck mal, da ist ein Quietsche-Entchen.*

- ❒ *Kommen Sie näher.*
- ❒ *Bleiben Sie festgemacht und ignorieren Sie mich, ich winke Sie absichtlich in eine Kollision.*
- ❒ *Hallo, ich bin ein freundlicher Schleusenwärter, bitte winken Sie zurück.*

- ❒ *Ich habe einen Kater.*
- ❒ *Fahren Sie mit geschlossenen Augen in die Schleuse ein.*
- ❒ *Ich habe den Zusammenstoß nicht gesehen, also muss ich auch den Papierkrieg nicht erledigen.*

- ❒ *Ist meine Kaffeetasse schon voll?*
- ❒ *Darf ich Ihren Baum ausleihen? Ich möchte mich aufhängen.*
- ❒ *Sie haben keine Chance, unter der nächsten Brücke durchzukommen.*

Sollten Sie ein Trinkgeld geben?

Wenn Sie jemals auf französischen Kanälen unterwegs waren, haben Sie sicher bemerkt, dass die freundliche Verabreichung einer Dose Bier oder eines Päckchens Zigaretten an einen Schleusenwärter die telefonische Verbreitung Ihres guten Namens unter seinen Kollegen unterstützt hat. (Wenn Sie Nichtraucher und Guttempler sind: Kaufen Sie etwas von seinem selbstgezogenen Gemüse, das hat den gleichen Effekt.)

An Wasserstraßen ohne automatische Schleusen werden die Crews ausdrücklich dazu ermutigt, dem Schleusenwärter eine kleine Freude zu machen, nachdem er sich an der Vorkriegsmechanik seiner Schleuse fast einen Bruch gestemmt hat. Die verkehrsreiche Themse ist jedoch eine absolute No-Tip-Strecke. Wenn hier Bargeld den Besitzer wechseln würde, könnte dies als Bestechung angesehen werden. Und nachdem ich selbst einmal eine Ein-Pfund-Münze aus großer Höhe genau zwischen die Augen bekommen habe, könnte ich mir vorstellen, dass da auch der Sicherheitsaspekt eine Rolle spielt. Aber keine Sorge: An einem warmen Tag wird eine gekühlte Dose Bier vom hart arbeitenden Schleusenpersonal dankbar angenommen. Cheers!

Einmal hat ein müdes altes Hausboot in einer Schleuse endgültig die Flagge gestrichen. Der Schleusenwärter macht sich also auf den Weg um zu helfen und als begnadeter Mechaniker bringt er schnell eine Reparatur zu Stande. Hocherfreut bekommt er mit, dass der dankbare Skipper des Boots niemand Geringerer ist als der Verkaufsrepräsentant einer großen Brauerei. Mit der Aussicht auf ein monumentales Gelage schleppt er eine ganze Palette voller Verkaufsmuster als Dankeschön für seine Bemühungen weg. Aber die nähere Untersuchung der Dosen vernichtet seine schönen Hoffnungen: Das Bier ist eine neue Marke, die es noch nicht zu kaufen gibt – und es ist alkoholfrei.

An einem warmen Tag …

… landet man mit einer Dose Bier immer einen Volltreffer.

„Sehen Sie, deshalb würde ich mir nie ein GFK-Boot kaufen!"

KAPITEL 7
Anstößiges Benehmen in der Schleuse

Nachdem ein Motorboot sich unter mehrfacher Nutzung der vollen Kanalbreite zum Schleusentor durchlaviert hat, ruft dessen Skipper: „Schleusenwärter, an welche Seite der Schleuse wollen Sie mich haben?"
„Wie wär's denn mit innen?"

Obwohl eine Schleuse alle Arten von Überraschungen für den unvorsichtigen Skipper bereithält, gibt es doch eine Reihe von Missgeschicken, die mit solch alarmierender Regelmäßigkeit in Erscheinung treten, dass sie von der Gemeinschaft des Schleusenpersonals mit Namen versehen worden sind. Hier sind die beliebtesten Wege, sich während der Schleusung Beulen an Boot und Ego zu holen.

Die V1

Das vielleicht entsetzlichste Manöver, das ein Boot in einer Schleuse machen kann, ist die V1. Man benötigt dazu ein großes, schweres Hausboot aus Stahl und eine großzügig mit teuren GFK-Kabinenkreuzern gefüllte Schleuse. Das V1-Manöver hat seine Wurzeln – wie sollte es anders sein – in der Umstellung vom Auto aufs Boot. Im Auto kann man den Rückwärtsgang nicht benutzen, wenn das Auto sich vorwärts bewegt, und natürlich gibt es Menschen, die das Gleiche für Boote annehmen. Das Ergebnis ist, dass der Skipper (nicht notwendigerweise ein Anfänger!) sein mehrere Tonnen schweres Geschütz in der Schleuse in Stellung bringt, einen letzten Schub voraus gibt und dann in aller Ruhe den Motor abstellt. Wie bei der Raketenbombe aus dem Zweiten Weltkrieg, die diesem Manöver seinen Namen gegeben hat, tritt dann eine Stille ein, die einem das Herz schockgefrieren lässt, während das stählerne Projektil auf sein Ziel zurast. Der Schleusenwärter hat nur ein paar Sekunden zum Handeln: Wenn er Glück hat, wirft ihm der Skipper ein Seil zu, das ihm die Chance gibt, die Handbremse zu ziehen – ein Rundtörn um einen Poller und langsames Nachlassen der Leine, um das Boot zu stoppen. Eine erfolgreiche Handbremse hängt jedoch von zwei Faktoren ab: Zum einen muss das andere Ende der Leine mit dem Boot verbunden sein (es ist schon unangenehm, wenn der hastige Klampenschlag des Skippers sich genau in dem Moment löst, wenn Zug auf die Leine kommt und der Schleusenwärter mit einem Salto rückwärts im Blumenbeet landet). Zum Zweiten muss die V1 sich an der bemannten Seite der Schleuse befinden. Wenn das Boot auf der anderen Seite ist, kann der Schleusenwärter nur

brüllen: „Motor starten, Rückwärtsgang rein, aber Dalli!" In der Zwischenzeit hat das Hausboot unter Umständen schon seine harte Nase im Traum eines anderen Skippers vergraben.

Der John Wayne

Zwei ungenügende Abwehrmethoden gegen die V1 sind der „John Wayne" und der Bugstecher. Beim John Wayne springt ein Crewmitglied rechtzeitig mit einer Leine in der Hand an Land, schafft aber den Törn um den Poller nicht, was zur Folge hat, dass er mit qualmenden Sohlen von seinem Ausreißer-Boot die Spundwand entlang gezogen wird. Einmal zeigte ein Schleusenwärter auf einen Poller und rief dazu: „Jetzt hier herum!" Die Reaktion: Der Crewmann kehrt auf dem Absatz um und zieht rückwärts.

Der Bugstecher

Der Bugstecher entsteht durch beherztes Eingreifen des Vorschiffsmanns: Bevor das Boot mit der Achterleine gestoppt ist, wirft oft ein Crewmitglied (das für die Schleuse ohnehin am Bug postiert ist) seine Vorleine um einen Poller – das Ergebnis ist spektakulär: Die Nase des Schiffs schnellt mit einem lauten Rummser gegen die Spundwand, unterdessen schwingt der Achtersteven mit kaum verminderter Kraft quer durch die Schleusenkammer und landet unweigerlich an einem anderen Boot. Ein Hausboot wurde bei einem Bugstecher so hart gegen die Wand geworfen, dass ein großes Fenster aus seinem Rahmen fiel und in der Kammer versank. Die Kaution des Mieters verschwand durch einen ähnlichen Trick, als der Charterskipper zurück an der Basis war.

Der Torpedo

Anders als beim V1 läuft der Motor bei einem Torpedo – selbst nach dem Aufschlag – weiter. Die übliche Ursache ist ein Getriebefehler im falschen Moment oder ein Defekt am Gaszug, so bleibt der Motor eingekuppelt.

Ein berühmtes Torpedo-Manöver absolvierte ein kleines Hausboot, das virtuos in die Schleuse einfuhr – bis der Skipper den Rückwärtsgang einlegt. Der Gaszug löst sich und das Boot schießt rückwärts aus der Schleuse heraus, wobei es mit zwei Kreuzern kollidiert, die ihm unschuldig in die Schleuse gefolgt sind. Gleichzeitig nimmt die Pinne die Gelegenheit wahr, bis zum Anschlag nach Steuerbord zu klappen. Das kleine Haus-

„Jetzt nicht, Sohnemann, so ein Manöver muss perfekt getimt sein …"

boot – nun total außer Kontrolle – verändert seine Position nur noch geringfügig: Es beschreibt im Wehrarm in schneller Rückwärtsfahrt enge Kreise, bis die sprachlosen Eigner herausfinden können, was zu tun ist.

Der Domino-Effekt

Als Variation der V1 benötigt der Domino-Effekt mindestens zwei Boote, die mit eher losen Leinen in der Schleuse liegen: Ein drittes Boot erscheint, würgt seine Maschine ab, vermeidet alle Rettungsversuche wie Handbremse und John Wayne und bringt so viel Schubkraft mit, dass es dem ersten Boot kräftig auf den Spiegel knallt. Das erste Boot bekommt davon einen ordentlichen Schubs nach vorne, mit dem es das zweite trifft und so weiter ... Lustig zu sehen, aber das Anstreichen danach ist mörderisch.

Der Domino-Effekt

Der Aufhänger

„Warten Sie auch auf die nächste Bergschleusung?"

Aufhänger treten auf, wenn der Wasserstand in einer Schleusenkammer schneller fällt als das Boot. Die verbreitetste Ursache hierfür ist, dass sich ein Teil des Schandecks mit der Kammerwand verbündet und natürlich auch ein ordentlich belegter Festmacher, den der Bugmann allein gelassen hat, um sich das Wein- und Honigangebot des Schleusenwärters genauer anzusehen. Mit bedrohlichem Knirschen bekommt das Boot immer mehr Schlagseite und der Schleusenwärter muss die Schützen schnell schließen und die Kammer wieder füllen, bevor etwas kaputt geht. Es kann jedoch vorkommen, dass er nur einen winzigen Moment zu spät dran ist. Dann bricht die Leine mit einem gewaltigen Knall und das Boot kracht zurück in sein Element – oft ist damit der Abwurf von Crewmitgliedern verbunden, die sich nicht engagiert genug festgeklammert haben. Ach ja: Sie sollten niemals eine Leine durchschneiden, die unter Spannung steht. Bleiben Sie möglichst weit vom Festmacher weg, um keinen Peitschenschlag abzubekommen, halten Sie sich gut fest, um das Gleichgewicht zu behalten und beten Sie, dass die Klampe gut im Deck verankert ist.

Der Bugtaucher

Bugtaucher gibt es seltener als Aufhänger. Sie werden durch Boote verursacht, deren Leinen so lose gehalten werden, dass das Boot beim Aufwärtsschleusen über die Drempelmarkierung hinaus das Schleusentor erreicht. Oft sind die Tore an ihrer Innenseite mit Holz- oder Eisenträgern verstärkt und der Bug wird sich mit steigendem Wasserstand unter so einem Träger verklemmen. Als Nächstes kann man den Propeller auf elektrogalvanische Korrosion und den halben Rumpf auf Bewuchs untersuchen, weil beides hoch aus dem Wasser ragt. Glücklicherweise ist der Schadensverlauf beim Bugtaucher eher harmlos – wenn die Schleuse erst einmal wieder abläuft, kommt auch der Bug wieder an die Wasseroberfläche.

Die Kneifzange

Für eine gelungene Kneifzange braucht man eine Schleuse mit Flügeltor und ein Boot, das Letzteres noch nicht ganz passiert hat. Die Sache ist einfach: Da das Bedienpult nicht immer dicht an der Schleuse selbst ist, ist die Sicht des Schleusenwärters auf die Tore teilweise beschränkt, wenn er den Knopf zum Toreschließen drückt.

In eine wirklich beunruhigende Kneifzange ist einmal eine Gruppe bayerischer Charterkunden mit einem Narrowboat geraten, die dicht am Untertor festgemacht hatte. Als das Flügeltor sich schließt, klemmt es das lange, stählerne Ruderblatt zwischen den Toren ein. Aus unerfindlichen Gründen merkt die Crew nichts davon und die Schleuse beginnt sich zu füllen. Mit dem Wasserstand steigt auch der Druck auf die Tore und die Kneifzange wird zu einem eisernen Griff, mit dem die Tore das Ruderblatt festhalten. Ein paar Augenblicke später entdeckt die entsetzte Crew, dass das Wasser am Rumpf hochklettert, während das Boot bleibt wo es ist. Als sie dann den Schleusenvorgang endlich abbrechen, ist es zu spät: Das Wasser strömt an Bord und in dem Moment, in dem das Ruder aus seiner

Umklammerung wieder freikommt, sinkt das Boot leise auf den Grund der Kammer – glücklicherweise ohne Gefahr für die Crew.

Der arme Ritter

Bootshaken sind eine absolute Bedrohung. Dennoch ist ein auf dem Vordeck platziertes Crewmitglied nicht eben selten, das angriffslustig einen Bootshaken schwingt wie ein verhinderter Ritter Lanzelot. Es zielt auf alles und jeden, der an ihm vorbeikommt, und die Spitze seiner Lanze wird entweder an der glatten Schleusenwand abrutschen oder in einem unvorhergesehenen Hindernis stecken bleiben. Ein Schleusenwärter wurde einmal fast seiner Männlichkeit beraubt, als eine tüchtige Bordfrau mit einem beherzten Schubs ihr Boot abstoßen will, der Bootshaken jedoch von der glitschigen Spundwand abrutscht und mit immer noch ausreichend Schwung in der Körpermitte des Schleusenwärters landet. Der arme Kerl zieht ernsthaft in Erwägung, seine Dienstkleidung um ein Suspensorium zu erweitern.

Andere Missgeschicke

Die Vordeckswäsche

Die Billardkugel

Der Schwebende

Die Dinghi-Quetsche

Der Limbo

Der Moby Dick

Der Schwanensee

Kapitel 8

Ins Wasser fallen

*Frage eines betrunkenen Teilnehmers einer Vatertagstour:
„Schleusenwärter, gibt es hier heute noch Niederschläge?"
„Nicht, wenn Sie schnell weiterfahren."*

Ins Wasser fallen ist eines der beliebtesten maritimen Missgeschicke und da so viele Menschen das Schleusenbecken für ein außerplanmäßiges Bad nutzen, sind die Possen der Wassersportler zu einer Sensationssportart geworden – man guckt zu, um es Platschen zu hören.

Der Schleusenwärter-Fachausdruck für jemanden, der ins Wasser fällt, lautet PLUMPSER (ausgeschrieben: **P**erson die **L**eider **U**nverhofft um **M**aßgebliche **P**ersönliche **S**chwimm-**E**rfahrungen **R**eicher ist). Mir ist das zwei Mal in voller Uniform passiert und ich habe mir jedesmal einen schönen Applaus und einen großen Scotch für mein Pech verdient. Seitdem hege ich tiefe Sympathie für jeden, der vor Publikum über Bord geht – unabhängig davon, wie seine Darbietung gewürdigt wird.

Ein Eigner hatte sein Boot seit vielen Jahren immer am gleichen Fleck liegen, immer die Backbordseite am Steg. Eines Tages muss ihn der Hafenmeister jedoch an einen anderen Liegeplatz verholen und legt mit der Steuerbordseite an. In der Nacht kommt der Eigner, um nachzusehen, was eine jüngst begonnene Arbeit macht. Als er fertig ist, ist er immer noch so in Gedanken, dass er den Platzwechsel völlig vergisst. Er verlässt das Boot nach Backbord, wie immer …

Es war eine wirklich eindrucksvolle Kollision, die an einem Wochenende ein Crewmitglied vom Heck seines Bootes über Bord warf. Der Gaszug seines kleinen Kabinenkreuzers verklemmt sich plötzlich, der Kreuzer schießt los und bohrt sich in das Achterschiff einer Motoryacht, die unterhalb der Schleuse wartet. Das Stöhnen und Dröhnen der Motoren, das Geschrei der Crews und das splitternde Krachen von glasfaserverstärktem Kunststoff ist so laut, dass niemand den Crewmann ins Wasser fallen hört oder sieht. Erst als die Motoren zum Schweigen gebracht sind, ist sein verzweifelter Kampf ums Überleben zu hören.

„Hilfe!", gurgelt er wild um sich schlagend vom Achtersteven her. „Ich kann nicht schwimmen! Hilfe!"

Der Skipper rennt zum Heck und versucht, ihn mit einem Bootshaken zu erreichen, aber das Opfer ist inzwischen ein

Stück stromabwärts getrieben und strampelt in der Nähe einer Trauerweide herum. Mittlerweile taucht auch der Schleusenwärter am Untertor auf und peilt seelenruhig die Lage: Zwei beschädigte Boote, eine Menge herumrennender Leute und ein Crewmitglied ohne Rettungsweste, das offensichtlich geräuschvoll ertrinkt. Aber statt einen Rettungsring zu packen und zur Hilfe zu eilen, nimmt der Schleusenwärter beide Hände vor den Mund und formt daraus einen Trichter.

„Sie da im Wasser!", bellt er. „Aufstehen!" Der Crewmann wirft den Kopf herum. „Ich sagte Aufstehen!" Der Crewmann hört auf, um sich zu schlagen und senkt probehalber einen Fuß ab. Zur allgemeinen Überraschung ist das Wasser nur etwas mehr als einen Meter tief.

Die Brücke

Als ein kleines Motorboot in eine Kanalschleuse fährt, kommt der Schleusenwärter herbei, um der einzigen Person an Bord mit den Leinen zu helfen. „Keine Crew, heute?", fragt er im Plauderton.

„Oh, doch", antwortet der Skipper, „ich habe meinen Bruder und meinen Neffen dabei." Der Schleusenmann blickt in das leere Boot. Der Skipper bemerkt dessen Verwirrung und deutet mit einem schüchternen Lächeln flussaufwärts.

„Da kommen sie schon", sagt er.

Und tatsächlich, zwei Mann – beide breit grinsend – schwimmen zügig auf die Schleusenkammer zu.

„'Tschuldigung", ruft einer, „wir sind von der Dalbenreihe gefallen und kamen die Kanalböschung nicht rauf, können wir bitte Ihre Leiter benutzen?"

Vier unterhaltsame Arten, ins Wasser zu fallen

Passieren einer Spundwandtreppe im Rückwärtsgang.

*Überspringen einer 1,50 Meter breiten Lücke mit einem
1,20 Meter langen Festmacher in der Hand.*

Die Kaimauer-Grätsche

An Bord eines Schiffes gehen, das bereits abgelegt hat.

Ein Charterboot schlängelt sich den Schleusenkanal entlang, an Bord eine Crew, die emsig damit beschäftigt ist, alles für das bevorstehende Manöver vorzubereiten. Am Bug steht ein schlaksiger junger Mann, der sorgfältig eine Leine aufschießt und so vertieft in seine Aufgabe ist, dass er nicht bemerkt, wie der Steuermann aus unerklärlichen Gründen das Ruder hart Steuerbord legt. Im nächsten Moment kracht das Boot mit voller Wucht in das seitliche Leitwerk der Schleuse und der nichtsahnende Bugmann wird ins Weltall katapultiert. Als er an Land gekrault ist, nass bis auf die Knochen und gründlich mit Schlamm bespritzt, verlässt sein Skipper den Steuerstand, stemmt die Hände auf die Hüften und betrachtet ihn missbilligend.

„Also wirklich, Roger", schimpft er, „du bist und bleibst ein Exhibitionist!"

Die Harpune

KAPITEL 9
Party-Zeit am Fluss

Skipper: „Ist so ruhig hier heute. Wo sind denn alle?"
Schleusenwärter: „Wahrscheinlich bei der Henley-Regatta."
Skipper: „Tatsächlich? Und wo findet die statt?"
Schleusenwärter: „Dieses Jahr? In Henley, glaube ich."

In der Bootswelt gibt es Ereignisse, die die Welt bewegen: die Kieler Woche zum Beispiel, der America's Cup und zahlreiche Veranstaltungen, die auf -sail enden. In Großbritannien kommt die Ruder-Regatta in dem westlich von London gelegenen Örtchen Henley als gesellschaftliches Event gleich nach dem Pferderennen in Ascot. Nicht nur für den Homo Sapiens Nauticus ist Henley der Platz, um zu sehen und gesehen zu werden, sich zu vergnügen und manchmal sogar beim Ruderrennen zuzuschauen.

Alljährlich Anfang Juli überfluten Segeltuch und Flaggen die Wiesen entlang der Themse. Tribünen, Festzelte, Bars und all das Brimborium eines internationalen Großereignisses breiten sich am Flussufer aus. In den eingezäunten VIP-Zonen zeigt man ohne überflüssige Bescheidenheit Wohlstand und Status, während die großen Firmen in eigenen Incentive-Zelten ihren Geschäftspartnern deutlich machen, wie gut ein Millionengeschäft ist, das man zuvor ausgiebig bei Kaipi und Schampus verhandelt hat.

Draußen auf dem Fluss ist die Regattastrecke mit einer langen Linie weißer Dalben markiert, die nur für diesen Zweck gesetzt werden, und die Kosten für einen Liegeplatz steigen in der Regattawoche um tausend Prozent.

Im Mittelpunkt der Organisation dieser ganzen Sache steckt die Wasserstraßenverwaltung. Jedes Jahr werden aus dem

Schleusenpersonal Freiwillige rekrutiert, um die Flotte glänzender, blauer Streifenboote zu bemannen. Sie unterstützen die Wasserschutzpolizei, patrouillieren an der Strecke, bergen gelegentlich einen betrunkenen Plumpser, verhüten Zusammenstöße und haben überhaupt ein Auge auf alles. Wie man sich leicht vorstellen kann, wird es für sie nie langweilig.

Eine sehr wichtige Sache, um die sich die Streifen kümmern, ist der Beladungszustand der Zuschauerboote. Nach den Richtlinien des britischen Verkehrsministers darf kein Motorboot mehr als zwölf Personen befördern, es sei denn, es ist ein Fahrgastschiff mit entsprechenden Genehmigungen und Lizenzen. In Henley, wo alles, was schwimmt, mit Leuten vollgestopft ist, wird diese Regel oft ignoriert und viele Skipper sind empört, wenn sie aufgefordert werden, einen beachtlichen Überschuss an Körpern auszubooten.

„Das sind alles Besatzungsmitglieder!", wird der Skipper murren. „Die zählen nicht mit!"

Der Streifenchef lächelt dann freundlich: „Alle zehn?"

„Na ja, ist halt ein großes Boot …"

Die Regatta ist eine gute Gelegenheit,
besondere Ruderkenntnisse zu zeigen.

Ein Student hatte sich Vaters Hausboot für die Regatta ausgeliehen und ein paar Freunde von der Uni eingeladen. Diese wiederum haben ihre Freunde eingeladen und so kann der Student siebenundzwanzig Gäste an Bord begrüßen. Es ist strahlender Sonnenschein, alle sitzen an Deck oder auf dem Kabinendach und lassen die Korken knallen.

Derart gefährlich überladen tuckert das kleine Hausboot die Strecke entlang, mit lachenden Passagieren an Bord, die Sonnenschein und Alkohol gleichermaßen absorbieren. Was der junge Mann jedoch nicht bemerkt, ist, dass der Motor ein Modell mit Luftkühlung ist – mit einem großen Schlitz im Rumpf, der als Lufteinlass dient. Durch das übermäßige Gewicht auf dem Bootsdach liegt dieser Schlitz nur noch anderthalb Zentimeter über der Wasserlinie. Eine Katastrophe ist unvermeidlich und sie lässt auch nicht lange auf sich warten.

Eine große Yacht überholt das kleine Kanalboot – zu schnell und mit zu wenig Abstand. Ihr Schwell klatscht gegen den

Rumpf und bevor irgendjemand kapiert, was los ist, beginnt das Boot zu sinken. Im ersten Moment scheint es noch solide zu schwimmen, Sekunden später jedoch sitzt es schon mit dem Achtersteven im Flussbett und verschwindet schnell unter der Wasseroberfläche. Zurück bleiben siebenundzwanzig teuer und festlich gekleidete Partylöwen, die wie aufgescheuchte Enten im Wasser strampeln. Glücklicherweise ist niemand im Inneren des Bootes, als es sinkt, und jedes einzelne Besatzungsmitglied kann sich schwimmend in Sicherheit bringen. Nur der Student hat die ungemütliche Aufgabe, seinem Vater mitzuteilen, dass sich sein Boot nicht mehr in seinem Heimathafen, sondern im Schlick des Flussbetts befindet.

Ein Partygast in einer der VIP-Lounges soll einmal laut und vernehmlich gesagt haben: „Zur Hölle mit der Ruderei, lasst uns mit der Regatta weitermachen." Er ist nicht der Einzige, dem der soziale Aspekt des Geschehens näher ist als der sportliche. Ein anderer Herr, prächtig ausstaffiert mit Clubblazer, schneeweißen Hosen und Krawatte, ist geschockt als er einen ebenso herausgeputzten Gentleman in seinem exklusiven Partyzelt sieht. „Der hat kein Recht hier zu sein", heult er auf, „der Mann ist mein Klempner!"

Draußen auf dem Fluss tuckert ein Fahrgastschiff, das ein bekanntes Unternehmen für die ganze Woche gechartert hat. Es hat die Firma eine mehr als fünfstellige Summe gekostet und sie überschüttet ihre Kunden aus der ganzen Welt mit imagefördernder Gastfreundlichkeit und Champagner. Als der Dampfer langsam an der Startlinie vorbeifährt, fragt einer der Gäste einen Kellner nach dem Programm.

„Ein Programm, mein Herr?", antwortet der Ober. „Wofür denn?"

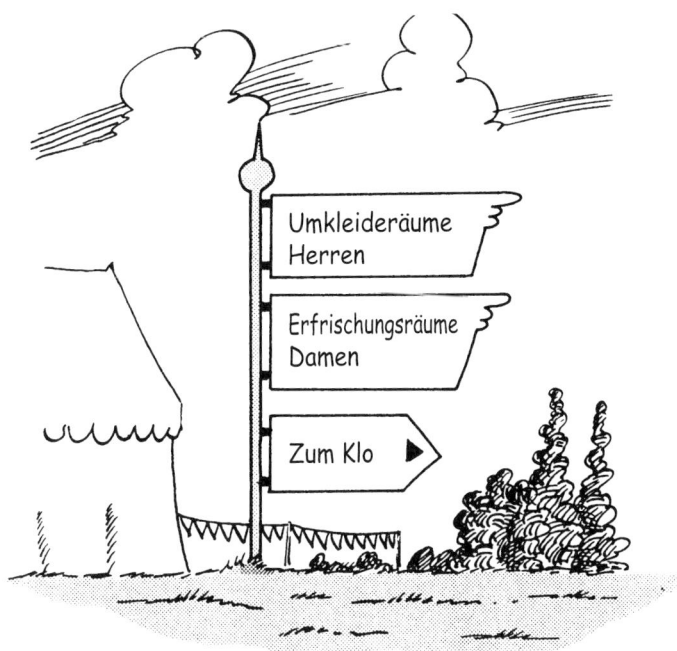

Wenn die Finalrennen gerudert sind und die verschiedenen Gewinner ihre Trophäen von einer hochgestellten Persönlichkeit überreicht bekommen haben, beendet ein grandioses Feuerwerk die Regatta bis zum nächsten Jahr. Sobald die Druckwelle der letzten Detonation verebbt ist, setzt ein Massenexodus von tausenden Besuchern ein. Viele springen in ihre Autos und fahren genau in die Arme der Polizei, die geduldig mit Alcotestern im Anschlag an allen Ausfallstraßen wartet.

Auf dem Wasser gibt es in England noch keine Promillegrenze, so drehen hunderte von Booten mit ihren feuchtfröhlichen Crews ihren Bug nach Osten oder Westen, um nach Hause zu trudeln. Die beiden Schleusen ober- und unterhalb der Strecke sind eigens mit Flutlicht ausgestattet und bleiben bis zwei Uhr morgens besetzt, weil üblicherweise jemand aus der Kammer gefischt werden muss.

Nicht jeder reiht sich in den Stau nach dem Feuerwerk ein. Ein paar Yachten bleiben auch bis zum nächsten Morgen längs der Wiesen festgemacht. Eine von ihnen hatte sich der erschöpften Besatzung eines Streifenboots angenommen, die gerade ihr Tagewerk beendet hatte. Das Boot liegt behaglich längsseits und der Eigner der Yacht versorgt den Streifenchef und seine Männer so gastfreundlich, dass sie schließlich nicht mehr im Stande sind, ihren Liegeplatz zu verlassen. „Bleibt über Nacht", schlägt der Eigner vor. „Hier ist genug Platz! Ihr könnt das Boot ja auch morgen früh zurückbringen."

Dankbar nimmt die Besatzung das Angebot an. Am nächsten Morgen kriecht sie – den unvermeidlichen Kater noch nicht ganz auskuriert – an Deck und lässt sich vorsichtig in ihr Boot herab. Nach dem Tumult der letzten Nacht ist der Fluss gespenstisch still. Die Strecke ist in dicken weißen Nebel gehüllt, der alles außer den Baumwipfeln versteckt. Der Motor wird gestartet, die Leinen losgeworfen, und nach ein paar hundert Metern kracht das Streifenboot mit einem lauten Rumms ins Heck einer großen Motoryacht, die an einem Steg festgemacht ist. Der Streifenchef stöhnt und bittet seinen Bootssteuerer, längsseits zu gehen, damit sie sich entschuldigen können. Dazu muss das Streifenboot jedoch erst in den Nebel zurücksetzen. Als es eben vom Dunst verschluckt ist, fliegt die Tür der Yacht auf, und deren Eigner stolpert im Schlafanzug an Deck – unrasiert, trübäugig und auf der Suche nach dem Schuldigen. Ein paar Sekunden später taucht das Streifenboot wieder aus dem Nebel auf und wird sogleich von dem aufgebrachten Eigner angerufen.

„Hey, Ihr da!", schreit er. „Kommt her." Die unglückliche Patrouille schert längsseits und der Streifenchef kassiert einen Anpfiff vom Eigner: „Irgendein verdammter Schwachkopf hat gerade mein Boot gerammt!" Der Streifenchef blinzelt. „Haben Sie, ähem, ist Ihr Boot irgendwie beschädigt?", traut er sich zu fragen.

„Ach was, kein lausiger Kratzer. Aber darum geht's nicht. Er hätte mich verdammt noch mal fast aus dem Bett geworfen."

Der Streifenführer dankt im Stillen dem umlaufenden Gummifender an seinem Patrouillenboot und kehrt dann auf das diplomatische Parkett zurück. In diesem Fall, so beschließt er, ist Diskretion besser als Mut.

„Wir hatten heute Morgen schon eine ganze Menge Beschwerden über diese Person", sagt er mit dienstlicher Miene. „Deshalb sind wir ja unterwegs, um ihn zu suchen. Aber keine Sorge, wenn wir ihn schnappen, machen wir Hackfleisch aus ihm."

KAPITEL 10
Winter

Ich sah drei Schiffe, sie segelten vorbei,
Am Weihnachtstag, am Weihnachtstag.
Und wer, denkst du, war da wohl an Bord?
Am Weihnachtstag, am Weihnachtstag,
's war der alte Hein Mück mit Frau und Kind,
Am Weihnachtstag, am Weihnachtstag.
„Wir dachten, du brauchst mal was zu tun",
Am Weihnachtstag, am Weihnachtstag.
Ich sagte: „Da ist immer jemand wie du",
Am Weihnachtstag, am Weihnachtstag.
„Denk dran, um vier mach ich Schluss",
Am Weihnachtstag, am Weihnachtstag.
Er sagte: „Wenn ich später komm, klopf ich an deine Tür",
Am Weihnachtstag, am Weihnachtstag.
Ich sagte: „Wehe, dann kriegst du was dafür!"
Am Weihnachtstag, am Weihnachtstag, gibt's Bescherung hier.

George Fielder

Anders als im Frühling, mit seinem Startschuss zu Ostern, gibt es kein offizielles Ende der Bootssaison im Herbst. Das Treiben auf den Wasserstraßen lässt allmählich nach, bis irgendwann der erste Tag vergeht, ohne dass ein einziger Kunde ans Tor geklopft hat. In den Häfen an der Küste hält sich werktags noch etwas Verkehr: Fischer, Skipper, die Boote überführen, Segelschulen und einige stirb-langsam-Wassersportler, die sich von klirrender Kälte, grauen Wolken und den wenigen Stunden Tageslicht nicht beeindrucken lassen.

Das Leben der Bordfrau im Sommer ...   *... und im Winter.*

Bei so wenig Verkehr ist der Winter eine gute Zeit, um all das zu reparieren, was im Sommer gelitten hat. Die verschiedenen Wächter der Wasserwege beginnen, Tore und Dalben zu ersetzen und veröffentlichen die jährliche Liste der Schleusensperrungen – für die wenigen Kunden, die es vielleicht interessiert. Wie zum Beispiel den Schleusenwärter, der sein Hobby zum Beruf gemacht hat und am Ende der Saison mit seinem Hausboot den Kanal hochtuckert. Er hat endlich eine Woche frei und die Betriebszeiten der Schleusen auf seinem Törn sind gründlich geprüft, da stoppt ihn auf halber Strecke eine Notfall-Sperrung. Er macht unterhalb der verschlossenen Schleuse fest und bereitet sich darauf vor, am nächsten Tag auf dem Weg zurückzufahren, den er gekommen ist.

Während der Nacht kommt jedoch ein schwerer Sturm auf und im trüben Licht des nächsten Morgens sieht der Skipper, dass er nirgendwo hinfahren wird: Eine mächtige Eiche ist hinter ihm quer über den Kanal gestürzt und schneidet ihm den Rückzug ab. Der Arbeitstrupp der Wasserstraßenverwaltung sägt fast Tag und Nacht an dem Baum, es hilft nichts: Der arme

Schleusenwärter muss seine ganze Urlaubswoche eingesperrt auf einem Kanalstück von gut dreißig Metern Länge verbringen.

Im Winter müssen sich die Schleusenwärter sehr sorgfältig um ihre Wehre kümmern. Der Wasserstand steigt mit den Niederschlägen, so müssen die Wehre immer neu reguliert werden. Das ist nicht ganz ungefährlich. An einem grauen Tag mit ständigen Winddrehern verliert ein Schleusenwärter bei dem Versuch, ein paar Trümmerteile zu bergen, das Gleichgewicht und stolpert in das gurgelnde Wasser des Wehrbeckens. Seine automatische Rettungsweste (die alle Schleusenwärter tragen müssen, wenn sie alleine am Wasser arbeiten) bläst sich mit einem Donnerschlag auf und die Strömung trägt ihn schnell stromabwärts.

Knapp zwei Kilometer unterhalb ist eine Marina und der halberfrorene junge Mann wird gegen eines der dort liegenden Boote gespült. Glücklicherweise sind die Eigner gerade zu Wartungsarbeiten an Bord und hören das dumpfe Klopfen, mit dem der Schleusenwärter auf die Bordwand trifft. Eine ältere Dame steckt den Kopf durch ein Kabinenfenster und sieht den durchweichten Kerl mit klappernden Zähnen an einem Fender hängen. „Oh Liebling, komm und sieh dir das mal an", ruft sie in die Kajüte, „ich glaube, es ist der Schleusenwärter!"

Poller-Wärmer aus Tauwerk

„Ist dieses Jahr das Eis dicker?"

Für die meisten Schleusenwärter ist der Winter jedoch normalerweise eine einsame und trostlose Zeit, besonders an den abgelegenen Enden der Wasserwege. Wenn es Ihnen einmal einfallen sollte, um diese Jahreszeit unterwegs zu sein, machen Sie sich darauf gefasst, an einer Schleuse in ein längeres Gespräch verwickelt zu werden – Sie sind vielleicht seit Tagen der erste Mensch, den der Schleusenwärter zu sehen bekommt.

Früher oder später kommt die Zeit, in der das Telefon klingelt und ein Kollege dran ist: „Wir treffen uns alle zum Weihnachtsschluck, komm vorbei!"

In einem gemütlichen Pub, mit schweren Eichenbalken an der Decke und einem prasselnden Feuer im Kamin sitzen dann die Schleusenleute des Flusses bei einem ordentlichen Bier rund um den Tisch und schwelgen in Erinnerungen an den Sommer. Ihren Geschichten und Berichten und den tausenden von Skippern, die sich durch meine Schleuse geschlängelt haben, sei dieses Buch gewidmet.

Glücklicherweise dauert diese Jahreszeit der Einsamkeit nicht lange. Kommt Ostern, kommen die Boote – krachend, stoßend, hängend und spritzend wie eh und je. Aber bis dahin verlasse ich Sie mit einem interessanten Gedanken, der einer Dame kam, die ihren Hund auf dem Treidelpfad Gassi führte.

„Es ist wirklich kalt heute", sagte sie zu dem Schleusenwärter und zog sich den Schal fester um die Schultern. „Sagen Sie, wenn der Fluss einfriert, können Sie dann alle nach Hause gehen?"

Vereinfachte Darstellung

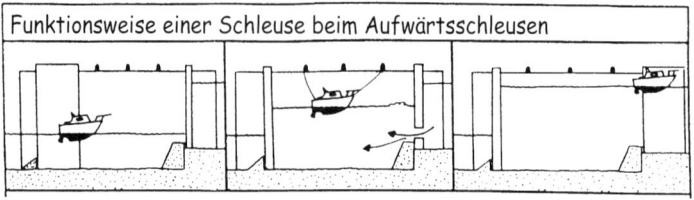

| Untertor offen – Boot fährt in die Schleuse | Beide Tore geschlossen – Schleusenkammer wird durch die Schützen gefüllt | Wasserstand in der Schleuse gleich dem im Oberwasser – Obertor kann geöffnet werden |

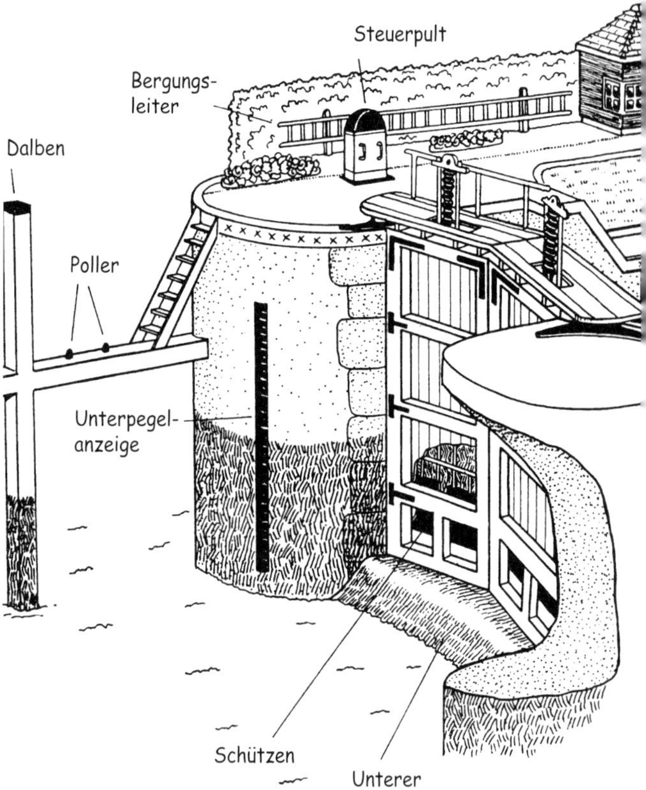

- Steuerpult
- Bergungsleiter
- Dalben
- Poller
- Unterpegelanzeige
- Schützen
- Unterer Drempel

einer elektrischen Schleuse

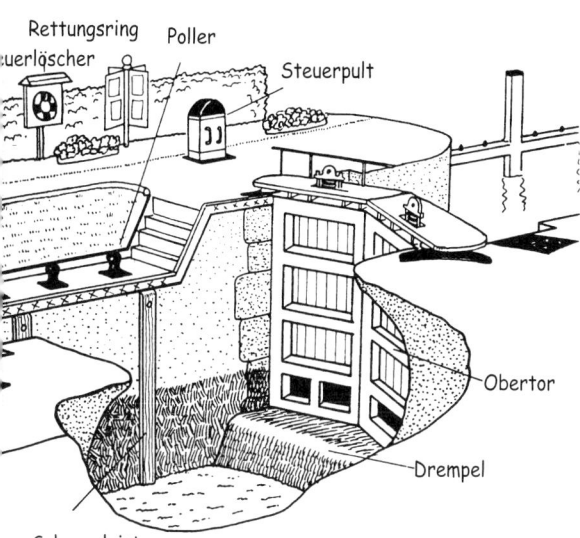

Die Tore selbst werden durch den Druck, den das Wasser auf sie ausübt, fest geschlossen gehalten.

Auch die Kanten, an denen das Tor an der Schleusenwand befestigt ist, sind wasserdicht, denn sie passen genau in eine Nische in der Mauer.

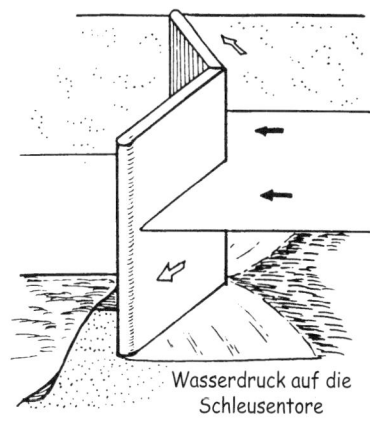

Wasserdruck auf die Schleusentore

Nichts sollte die Törnplanung unterbrechen

Jetzt die aktuelle Ausgabe für die mecklenburgischen und märkischen Gewässer bestellen:

www.quickmaritim.de/bestellen